Karl Liebling

Über das Verhältnis zwischen Raub und Erpressung

Karl Liebling

Über das Verhältnis zwischen Raub und Erpressung

ISBN/EAN: 9783743484313

Hergestellt in Europa, USA, Kanada, Australien, Japan

Cover: Foto ©Suzi / pixelio.de

Manufactured and distributed by brebook publishing software
(www.brebook.com)

Karl Liebling

Über das Verhältnis zwischen Raub und Erpressung

Ueber das Verhältnis

zwischen

Raub und Erpressung.

XX. Abschnitt des St.-G.-B.'s für das Deutsche Reich.

Inaugural-Dissertation

der

juristischen Facultät

der

Friedrich-Alexanders-Universität zu Erlangen

vorgelegt von

Karl Liebling

Kammergerichts-Referendar

aus Leipzig.

Approbiert am 30. Oktober 1897.

Berlin.

Buchdruckerei Georg Pintus, Berlin C., Adlerstr. 7.

1897.

Meinen lieben Eltern.

Inhaltsangabe.

Seite.

§ 1. Einleitung 7

I. Historischer Teil §§ 2—3.

§ 2. Erpressung 8

§ 3. Raub 9

II. Dogmatischer Teil §§ 4—19.
A. Allgemeiner Teil.
a. Erpressung.

§ 4. Theorien über Begriff und Wesen der Erpressung . 11

§ 5. Absicht des Thäters: Verschaffung eines rechtswidrigen Vermögensverteils 13

§ 6. Nötigung zu einer „Handlung, Duldung, oder
Unterlassung" 16

§ 7. Nötigungsmittel: „Gewalt oder Drohung" bezw.
„Gewalt gegen eine Person" oder „Drohun-
gen mit gegenwärtiger Gefahr für Leib oder
Leben" 19

§ 8. Versuch und Vollendung 27

b. Raub.

§ 9. Theorien über Begriff und Wesen 28

§ 10. Absicht des Thäters: Zueignung einer fremden
beweglichen Sache 29

§ 11. Nötigung — zum Dulden der Wegnahme — und
Nötigungsmittel: „Gewalt gegen eine Person"
oder „Drohungen mit gegenwärtiger Gefahr
für Leib oder Leben." 31

§ 12. Object der Zueignungsabsicht: Fremde bewegliche Sachen 34

§ 13. Versuch und Vollendung 35

B. Specieller Teil.

§ 14. **Theorien** über das Verhältnis zwischen Raub und Erpressung 36

§ 15. Wie verhält sich die **verbrecherische Absicht** bei der Erpressung zu der des Räubers? . . . 39

§ 16. In welchem Verhältnis steht die **Nötigung** bei der Erpressung zu der beim Raube statthabenden Nötigung? 41

§ 17. Ist ein **Causalnexus** zwischen Nötigung und Erlangung des Vermögensvorteils bei Raub oder Erpressung wesentlich? 42

§ 18. **Versuch** und **Vollendung. Concurrenz** zwischen Raub und Erpressung? 44

§ 19. Anhang: § 253 R.-St.-G.-B. — **Erwägungen de lege ferenda** 46

§ 20. **Schluß:** Versuch einer Erklärung für die Entstehung der herrschenden Ansicht 49

Finis.

Litteratur-Verzeichnis 51

Lebenslauf 55

§ 1.

Einleitung.

Der XX. Abschnitt des Strafgesetzbuchs für das Deutsche Reich trägt unter Festhaltung der Anordnung des Entwurfs[1]), dem das Pr.-St.-G.-B. zum Vorbilde diente, die Ueberschrift:

„Raub und Erpressung“.

Hieraus läßt sich ein doppeltes entnehmen: einmal, daß nach Ansicht des Gesetzgebers beide Delikte gewisse Punkte mit einander gemeinsam haben, welche ihre Zusammenstellung in ein und demselben Abschnitt des Gesetzes angezeigt erscheinen ließen, ferner aber läßt die Gegenüberstellung beider Verbrechen in der Ueberschrift des betr. Abschnitts den Schluß zu, daß der Gesetzgeber den Raub und die Erpressung als begrifflich verschiedene, coordinirte Delikte betrachtet.

Gegen diese Folgerungen, wie überhaupt gegen die Fassung des Gesetzes sind wiederholt unter den verschiedensten Begründungen gewichtige Bedenken laut geworden, ohne daß, trotz eingehender Erörterungen eine Einigung erzielt worden wäre, vielmehr besteht heute noch der Streit über das Verhältnis beider Verbrechen unverändert fort. Ist doch auch Begriff und Thatbestand des Raubes sowohl wie der Erpressung in der Theorie mehr bestritten, als es bei irgend einem anderen Delikt der Fall ist. —

Aufgabe dieser Abhandlung soll es nun sein, die verschiedenen Meinungen zu sichten und das Verhältnis zwischen Raub und Erpressung einer eingehenden Untersuchung zu unterziehen.

Zu diesem Zweck erscheint es angebracht, zunächst ganz allgemein beide Delikte getrennt zu behandeln und an der Hand des so gefundenen Materials in einem besonderen Teil ihr gegenseitiges Verhältnis zu beleuchten.

---

[1]) „Entwurf eines Strafgesetzbuchs für den Norddeutschen Bund“: XX. Abschnitt: „Raub und Erpressung“ §§ 244—251.

„Strafgesetzbuch für die Preußischen Staaten: XIX. Titel: „Raub und Erpressung“ §§ 230—236.

Abhandlung.

I. Historischer Teil.

§ 2.

Erpressung.

Abegg, Lehrbuch: p. 300—303; Berner, Lehrbuch p. 559 ff.; Burcharbi i. Archiv des Criminalrechts, p. 271 ff; Haelschner, System, Bd. III, p. 527—528; Koestlin, Abhandlungen, p. 408 —409; v. Liszt, Lehrbuch, p. 471; Merkel in H. H. B. III, p. 724; H. Meyer, Lehrbuch, p. 589; Mittermaier in Hitzigs= Annalen, Bd. II, p. 207 ff.; Wächter, Lehrbuch, II p. 47; bei Weiske III, 359.

Es kann zwar hier nicht unsere Aufgabe sein, uns in ein= gehende historische Untersuchungen einzulassen, indes wird es sich zum besseren Verständnis von Begriff und Wesen der in Frage kommenden Delikte empfehlen, einen kurzen Rückblick auf deren geschichtliche Entwicklung zu werfen.

Was zunächst die Erpressung[2] anlangt, so ist zwar der N a m e des Delikts ein Produkt erst der neueren Jurisprudenz, der B e g r i f f des Verbrechens aber hat seine Wurzeln schon im Rechte der Römer, nämlich in der sog. „concussio“.

Dies war eine Art Aushilfeverbrechen, das in der Kaiserzeit als besonderes crimen extraordinarium hervortrat und da Platz griff, wo das crimen repetundarum, die accusatio vis, falsi und die actio quod metus causa nicht ausreichten. Die Quellen — sedes materiae ist der titulus digestorum XLVII, 13 „de con- cussione — geben uns keine Begriffsbestimmung, sondern führen nur Beispiele für das Verbrechen der Concussion an, u. z. werden darunter Fälle verstanden, wo jemand, sei es durch Vorspiegelung eines öffentlichen Amts — concussio publica —, sei es durch Be- drohung mit einer Anklage, crimen minari, — concussio privata — einen widerrechtlichen Vermögensvorteil zu erlangen trachtet.

Das gemeinsame all' dieser Fälle wird in der Absicht des Thäters erblickt, durch die Bedrohung mit Ausübung eines ihm wirklich zustehenden oder simulierten Rechts einen widerrechtlichen Vermögensvorteil zu erreichen.[3]

---

[2] Aus Gründen, welche aus unserer Auffassung des Verhältnisses beider Delikte resultieren, wird die Erpressung im Folgenden v o r dem Raube behandelt.

[3] vergl. u. a.: Haelschner, System, III p. 535, Anmerkung.

Das germanische Recht kannte ebensowenig wie die P.-G.-O. einen selbständigen Begriff der Erpressung, und so sahen sich die gemeinrechtlichen Juristen gezwungen, auf die römischrechtliche concussio zurückzugehen, den Begriff derselben weiter auszubilden und dem praktischen Bedürfnis anzupassen.[4])

Eine Hauptschwierigkeit bot hierbei die Abgrenzung dieses Delikts gegenüber anderen Verbrechen, wie Fälschung, Gewaltthätigkeit usw., insbesondere aber das Verhältnis der Concussion zum Raube;[5]) ferner die Frage, ob man bei der Bedrohung mit rechtswidrigen Nachteilen stehen bleiben, oder auch die Bedrohung mit anderen Nachteilen hineinzuziehen solle, weiter, ob sie auf die Erpressung eines Vermögensvorteils zu beschränken sei oder nicht. Erst die neuere Gesetzgebung hat der Erpressung feste Formen gegeben, ohne aber damit auch endgiltig den Streit über Begriff und Wesen zum Schweigen zu bringen.

§ 3.

Raub.

Abegg, p. 491; Berner, p. 556 ff; Haelschner, System III, p. 520—527; Koestlin, p. 393—402; v. Liszt, p. 433; Merkel, Handbuch III p. 715; H. Meyer, p. 566; Schwarze bei Weiske, IX. p. 1—28; v. Wächter, Straf-Recht, p. 408, 409, 430; bei Weiske, III p. 359; Lehrbuch II p. 342—350.

Der Raub, zu dem wir nunmehr übergehen, entstammt als selbständiger Verbrechensbegriff nicht dem Römischen, sondern dem Deutschen Recht.

Das ältere Römische Recht — bis gegen Ende der Republik — betrachtet die gewaltsame Entwendung nicht als ein vom furtum verschiedenes Delikt. Auch nachdem der Prätor Lucullus — 76 a. Chr. — einen in den Zeiten der Bürgerkriege besonders häufigen Fall gewaltsamer Entwendung, die durch bewaffnete Rotten verübte, aus dem allgemeinen Begriff des furtum durch Aufstellung einer eigenen Klage, der actio vi bonorum raptorum,[6]) herausgehoben hatte, wurde die rapina noch als eine species des furtum behandelt; so konkurrierte mit der eben erwähnten Klage auch die actio furti. Auch Gajus — III, 209 — nennt den

---

[4]) Vgl. Burchardi a. a. O. p. 276 ff; Mittermaier, a. a. O. p. 210—212.
[5]) Vgl. Wächter, Lehrb. II, 47 ff; Mittermaier p. 222 ff.
[6]) Tit. Instit. IV, 2; Tit. Dig XLVII, 8; Tit. Cod. IX, 33.

Räuber einen fur improbus. Späterhin ließ man das Erfordernis der Bewaffnung sowie der Vereinigung mehrerer fallen, und jene actio fand Anwendung auf jede, wenn auch nur von einem einzelnen verübte gewaltsame Entwendung. Immer aber blieb der Raub Privatdelikt. Erst allmählich werden unter stärkerer Betonung des Gesichtspunkts einer Störung der öffentlichen Sicherheit gewisse Fälle des Raubes — l. 4 § 1 D. 47,9 ; l. 3 D. 48,6 ; l 1 § 1 D. 48,7 ; l. 28 § 10 D. 48,19 — mit öffentlicher Strafe bedroht, und erst seit Justinian — l. 3 § 2 D. 48,6 — ist jeder mit Waffen verübte Raub als vis publica strafbar.

Während so das Römische Recht im allgemeinen den Raub nur als eine Unterart des furtum betrachtet, scheidet das Deutsche Recht denselben scharf vom Diebstahl im engeren Sinne.

Schon in den Volksrechten wird der Raub als „offene“ Wegnahme einer fremden Sache der heimlichen — „dieblichen“ — gegenübergestellt.

Das differenzierende Moment erblickte man aber zunächst nicht in der angewendeten physischen oder psychischen Gewalt, sondern im Gegensatz zum Diebstahl i. e. S. in der Offenheit der That, und eben mit Rücksicht auf diese strafte man den Räuber milder als den heimlichen Dieb. Erst allmählich wurde die Gewalt als wesentliches Begriffsmerkmal des Raubes betont, und damit kehrte sich auch die Strafbarkeit im Verhältnis zum Diebstahl um, d. h. der Raub wurde mit härterer Strafe als der Diebstahl bedroht.

Die P.-G.-O. handelt in Art. 126 nur von der Strafe des Raubes, ohne sich auf Begriff und Thatbestand näher einzulassen.

Die neueren Gesetzgebungen, insbesondere die des XIX. Jahrhunderts, sehen das unterscheidende Merkmal des Raubes in der dabei zur Anwendung kommenden Gewalt und behandeln denselben eben aus diesem Grunde als ein vom Diebstahl verschiedenes, selbständiges Delikt, das sie vielfach — wie auch unser R.-St.-G.-B. — — in der unklaren, mehr instinktiven Vorstellung von einer nahen Verwandtschaft mit der Erpressung zusammenstellen.

Ob, und in wie weit der Standpunkt des St.-G.-Bs. gerechtfertigt ist, soll nunmehr im einzelnen erörtert und zu diesem Behufe zunächst[7]) die Erpressung besprochen werden.

---

[7]) Vgl. Anmerkung 2.

II. Dogmatischer Teil.

A. Allgemeiner Teil.

a) Erpressung.

§ 4.
Theorien über Begriff und Wesen der Erpressung.

Erpressung wird in § 253 des R.-St.-G.-Bs. als die mittels „Gewalt oder Drohung" in der Absicht, „sich oder einem Dritten einen rechtswidrigen Vermögensvorteil zu verschaffen" erfolgende Nötigung zu einer „Handlung, Duldung oder Unterlassung" definiert.

Mit Rücksicht auf die Art der angewendeten Gewalt oder Drohung werden 3 Arten der Erpressung unterschieden:

a) die einfache Erpressung — § 253 — „Gewalt oder Drohung",

b) die qualifizierte Erpressung — § 254 — „Bedrohung mit Mord, mit Brandstiftung oder mit Verursachung einer Ueberschwemmung."

c) die räuberische[8]) Erpressung — § 255 — „Gewalt gegen eine Person" — „Drohungen mit gegenwärtiger Gefahr für Leib oder Leben."

Ueber Begriff und Wesen der Erpressung herrscht von jeher lebhafter Streit.

Während die Motive[9]) die Erpressung als ein durch unmittelbaren Zwang gegen die Willensfreiheit einer Person begangenes Verbrechen gegen das Vermögensrecht bezeichnen, sehen andere[10]) das Wesen des Delikts in seiner Richtung gegen das Vermögensrecht und dem Angriff auf die persönliche Freiheit, wieder andere[11]) erblicken in der Erpressung einen mittels Verletzung der persönlichen Freiheit erfolgenden Angriff auf das Eigentum.

---

[8]) So nennen sie die Motive zu § 250 des Entwurfes.

[9]) Zu § 248, Abs. 1.

[10]) Wächter, Str. R. p. 364, Anmerkung; Villnow, a. a. O. p. 3—4; Merkel, Lehrbuch, p. 323.

[11]) Koestlin, a. a. O. p. 400; vergl. auch Katz, a. a. O. p. 424.

All' diesen Definitionen ist gemeinsam, daß sie das Delikt mit Rücksicht auf das verletzte Rechtsgut charakterisieren. Nun hat aber, wie hier nur angedeutet werden kann, das Prinzip, ein Strafrechtssystem unter dem Gesichtspunkt der den Gegenstand der Verletzung bildenden Rechtsgüter aufzubauen, das Mißliche, daß es bei konsequenter Durchführung auf Schritt und Tritt zu Wiederholungen führt; denn in den wenigsten Fällen wird sich ein Delikt nur gegen e i n Rechtsgut richten, vielmehr werden meist verschiedene Rechtsgüter Objekt der Verletzung sein. — Wollte man aber solch ein Delikt in ein so konstruiertes Rechtssystem einzugliedern versuchen, so würde man folgerichtig dasselbe Delikt mehrfach, unter den verschiedenen Kategorien aufführen,[12] oder aber, mehr oder minder willkürlich, ein bestimmtes der verletzten Rechtsgüter in den Vordergrund stellen müssen.

Wir werden daher versuchen, einen anderen Gesichtspunkt für die Charakterisierung der hier in Frage kommenden Delikte zu gewinnen.[13]

Da nämlich der Thäter bei der Erpressung z u n ä c h st weder auf die Verletzung fremden Vermögens bezw. Eigentums, noch auf eine Verletzung der Willensfreiheit ausgeht, dies für ihn vielmehr nur M i t t e l   z u m   Z w e c k, n i c h t aber S e l b s t z w e c k ist, dürfte es angemessener sein, nicht nach jenen Begriffen, sondern nach dem vom Thäter verfolgten Endzweck das Delikt zu charakterisieren. Und Selbstzweck ist bei der Erpressung einzig und allein der rechtswidrige Vermögensvorteil, dessen Erlangung der Thäter, sei es für sich, sei es für einen Dritten, anstrebt.

Hiervon ausgehend wird man die Erpressung als ein d u r c h d i e   A b s i c h t   d e r   E r l a n g u n g   e i n e s   r e c h t s w i d r i g e n V e r m ö g e n s v o r t e i l s ausgezeichnetes Delikt, u. z. — wie schon vorweg bemerkt sein mag — als eine eben durch jene Absicht q u a l i f i z i e r t e   A r t   d e r   N ö t i g u n g bezeichnen können.

---

[12]) Vgl. auch Merkel, Lehrbuch, p. 315; Haeberlin, III., p. 393.

[13]) Was übrigens, wie beiläufig bemerkt sein mag, die in den übrigen Definitionen erwähnten Begriffe, „Freiheit der Person" und „Willensfreiheit" anlangt, so fällt bei genauerer Betrachtung der Gegensatz zwischen den einzelnen Theorien hinsichtlich dieses Punktes fort. Wenn auch denen, die beide Begriffe mit einander identifizieren, — u. a. Abegg, a. a. O. p. 336, Haeberlin, a. a. O. p. 176, Haelschner, System, III., p. 172/73; — nicht unbedingt beizupflichten sein dürfte, weil ein Angriff auf die Willensfreiheit sich nicht stets zugleich als eine Verletzung der persönlichen Freiheit darstellt, so ist doch nicht zu verkennen, daß beide Begriffe, zwar nicht zusammenfallen müssen, wohl aber — und meist ist dies der Fall — coincidieren können. Unter „persönlicher Freiheit" nämlich ist nur die Freiheit der Bewegung im Raum zu verstehen, — so auch Geyer, H. H. R. III; 568;

§ 5.

Abficht des Thäters.

Was nun die einzelnen Thatbeſtandsmerkmale betrifft, ſo iſt hinſichtlich der eben erwähnten Abſicht des Thäters zu bemerken, daß das Geſetz, indem es von einem Vermögensvorteil ſpricht, ſich damit in einen bewußten Gegenſatz zu früheren Strafgeſetzen ſetzt, welche ganz allgemein von „Vorteilen"[17] irgend welcher Art ſprechen.

Durch das erwähnte Erfordernis ſollte der Streit, ob darunter auch, oder ausſchließlich Vermögensvorteile gemeint ſeien, aus der Welt geſchafft und ein Gegenſatz zu anderen Vorteilen unzweideutig zum Ausdruck gebracht werden, welche nicht dem Vermögen, ſondern in anderer Beziehung dem Thäter zu Gute kommen.

Es würde alſo nach dem R.-Str.-G.-B. die Abſicht, einen Titel, einen Orden u. ſ. w. zu erlangen, womit ein pecuniärer Vorteil nicht verbunden iſt, ſelbſt bei Vorhandenſein aller übrigen Requiſite der Erpreſſung, den Thatbeſtand des § 253 bezw. 255 nicht erfüllen.

Hinſichtlich des Begriffes „Vermögensvorteil" iſt v. Buri[18] darin beizuſtimmen, daß derſelbe rein abſtrakt zu faſſen iſt; es reicht alſo ſchon aus, „wenn die Verbeſſerung in einer dauernden oder zeitweiſen Abwendung einer poſitiven Verringerung, einer größeren Verſicherung einzelner Vermögensobjekte, ſei es auch nur in einer beſſeren Begründung der Beweisführung, oder endlich in

---

v. Liszt, Reichsſtrafrecht p. 250 — nur die „Freiheit des Handelns", nicht die des Entſchließens", unter „Willensfreiheit" dagegen nicht allein das Recht, einen Willensentſchluß frei zu faſſen, ſondern auch die Befugnis, den gefaßten Willen in die That umzuſetzen. — Aehnlich Bruck a. a. O. p. 2; John Entwurf p. 489. — Letzteres, die „Willensfreiheit", iſt demnach der weitere, die „Freiheit der Perſon" der engere Begriff.

Erwägt man nun, daß jede Bewegung ſchließlich doch nur die Folge eines Willensentſchluſſes iſt, ſo ergiebt ſich, daß jeder Angriff auf die ſogen. „Perſönliche Freiheit", d. h. alſo auf die Freiheit der Bewegung im Raum, ſich, wenn auch nicht unmittelbar, ſo doch in ſeiner Endwirkung gegen die freie Bethätigung des Willens richtet, alſo in der That nichts anderes als eine Verletzung der Willensfreiheit darſtellt.

Wenn demnach ein Angriff auf die „Freiheit der Perſon" ſtets zugleich eine Verletzung der „Willensfreiheit" in ſich birgt, ſo erübrigt ſich jene irreführende und verwirrende Bezeichnung, und ſo können wir den Begriff: „Perſönliche Freiheit" für unſere Betrachtung ganz fallen laſſen.

[17] Preußen: St.-G.-B. § 234; Heſſen: St.-G.-B., Art. 349; Oldenburg: St.-G.-B. Art. 218; Braunſchweig: Crimin.-G.-B. § 177; Lübeck: St.-G.-B. § 198; Bayern: St.-G.-B. Art. 303; Zürich: Entwurf § 159.

[18] G.-S. p. 9; vgl. auch: Oppenhoff, Comment; p: 639 Note 2 ff; p. 697 Nr. 2. Meves a. a. O. p. 226, Nr. 8.

einer dauernden oder zeitweisen Nichterfüllung obliegender, das Ver=
mögen belastender Verpflichtungen besteht.“¹⁹)

Es genügt aber nicht ein Vermögensvorteil schlechthin, viel=
mehr betont das Gesetz ausdrücklich, daß dieser r e c h t s w i d r i g e r
Natur sein müsse.

Treffend nennt Katz²⁰) diese Rechtswidrigkeit den Angelpunkt,
um den sich die einzelnen Teile des Delikts drehen, und von dem
sie ihre strafbare Richtung erhalten.

Was eigentlich mit der Rechtswidrigkeit des Vermögensvorteils
gemeint, ist durchaus nicht unbestritten.

Zunächst ist ganz allgemein zu sagen, daß rechtswidrig all'
das ist, aber auch nur das, was g e g e n das Gesetz ist.²¹)

Nach den Motiven²²) gilt d e r Vermögensvorteil als rechts=
widrig „auf welchen der Thäter kein Recht hat.“

Das aber ist mehr eine Uebersetzung als eine Erläuterung
des Begriffs; in Erkenntnis dieses Mangels hat die Theorie mannig=
fache Erklärungen versucht; am nächsten kommt dem Kern der
Sache Katz,²³) der als rechtswidrig einen Vermögensvorteil bezeichnet,
dessen Objekt man nicht auf civilrechtlichem Wege durch Klage er=
langen könne.

Im Einklang hiermit scheint auch die Praxis zu stehen²⁴,)
welche sich wiederholt dahin ausgesprochen, daß die mittels Nötigung
erstrebte Erlangung eines Vermögensvorteils, hinsichtlich dessen der
Genötigte nur n a t u r a l i t e r obligiert sei, unter den Thatbestand
der Erpressung falle.

Das Wesen der Naturalobligation besteht in ihrer Klaglosig=
keit; wenn nun einerseits die Nötigung zur Zahlung einer civiliter
geschuldeten fälligen Leistung nicht unter § 253 fällt,²⁵) anderer=
seits die Nötigung zur Erfüllung einer Naturalobligation den Begriff
des Delikts erfüllt, so erhellt, daß man das differenzierende Moment
in der Klaglosigkeit der Naturalobligation zu suchen hat; auf beide,
sowohl die Civil= wie die Naturalobligation, „hat“ der Gläubiger
„ein Recht“, wenn auch bez. der letzteren ein beschränktes, unvoll=
kommenes, quasi nur ein D e f e n s i v r e c h t , nicht ein durch Klage
erzwingbares O f f e n s i v r e c h t .

---

¹⁹) Meves, a. a. O.
²⁰) (G.=Z. p. 442—443,
²¹) Rubo, Comm. p. 870, 882; vgl. auch Binding, Normen, II. p. 561 ff;
Meves, p. 225, Katz, p. 443; Merkel, H. H. B. III, p. 772; bei Pezold,
§ 263, Nr. 2.
²²) Zu § 248; vgl. Meves, a. a. O. Nr. 5; ähnlich Rüdorff § 253,⁶
²³) (G.=Z. a. a. O.; ähnlich v. Schwarze, Comm. § 253, Nr. 13 p. 733
Schütze p. 456.
²⁴) Z. B.: Pr.=Ob. Tribunal: R. d. O. XVII, 248, XVIII, 220.
²⁵) Vgl. bei Pezold § 253, Nr. 2, Ob. Trib 29. I. 75. Vgl. Merkel
H. H. B. III, 731, Nr. 2., IV. 418.

Es prägt also die Klaglosigkeit einer Obligation deren Erlangung mittels Nötigung den Stempel der Rechtswidrigkeit auf, und das beweist die Nichtigkeit der Katz'schen Erklärung.

Indes bedarf dieselbe doch noch gewisser Einschränkungen, wie einige Beispiele darthun, deren Thatbestand nicht unter den der Erpressung fällt mangels des Requisits der Rechtswidrigkeit, obwohl der durch die Nötigung erstrebte bezw. erlangte Vermögensvorteil nicht durch Klage erzwingbar ist.[26]

So, wenn der Wirt seinem Mieter die Ausübung des ihm an sich zustehenden Exmissionsrechts androht für den Fall, daß dieser ihm nicht eine höhere Miete zahle, die er durch anderweite Vermietung sicher erzielen würde; oder, wenn der Gläubiger seinem Schuldner die zulässige Klage auf Rückzahlung des Darlehns androht, falls dieser ihm nicht einen Schuldschein über einen die Schuldsumme übersteigenden Betrag ausstelle, wofern nur der Gläubiger den Mehrbetrag auf legale Weise mit der ihm geschuldeten Summe verdienen könnte.

Das Gemeinsame dieser Beispiele liegt darin, daß die Drohung einen erlaubten Inhalt hat, daß ferner der Vermögensvorteil durch Klage nicht erzwingbar ist und sich auf den Ersatz des Schadens[27] beschränkt, welcher dem Nötiger im Fall der Nichtgeltendmachung seines Rechts erwachsen würde.

Der pecuniäre Vorteil repräsentiert also hier nur einen Ersatz dessen, was dem Nötiger durch die Nichtausübung seines Rechts entzieht.

Wir werden demnach die oben gegebene Begriffsbestimmung, wie folgt, einschränkend fassen müssen.

Rechtswidrig ist der Vermögensvorteil, dessen Objekt nicht durch Klage erzwingbar ist, mit Ausnahme des Falles, wo die Nötigungsmittel erlaubt, und zugleich der erstrebte, bezw. erlangte Vermögensvorteil sich auf das angemessene Aequivalent für die Nichtzufügung des angedrohten erlaubten Uebels beschränkt.[28]

Wann diese Ausnahme von der Regel Platz greift, ist selbstverständlich reine Thatfrage und muß dem vernünftigen Ermessen des Richters überlassen bleiben.

Auf Grund dieser Ausführungen wird man in den obigen Fällen eine Erpressung dann nicht für vorliegend erachten, wenn die von dem Vermieter für das Unterlassen der ihm zustehenden

---

[26] v. Buri. G.-Z. p. 59—60.

[27] Es handelt sich hier nicht um damnum emergens, sondern um lucrum cessans.

[28] Vgl. auch Merkel H. H. B. IV. 732. v. Buri p. 60.

Ermiſſion geforderte Summe einen Betrag nicht überſteigt, den er bei Freiwerden der Wohnung und der dadurch ermöglichten ander= weiten Vermietung ſicher — z. B. in dem Fall, daß ihm ein Re= flektant ſchon eine dahin gehende Offerte gemacht hat — erzielen könnte; oder, wenn der Gläubiger dem Schuldner die zuläſſige Kün= digung des zinslos gewährten Darlehns androht für den Fall, daß dieſer ihm fortan nicht die üblichen Zinſen zahle.[29])

Es ſchließt jedoch nicht etwa die Thatſache, daß die Drohung einen erlaubten Inhalt hat, die Rechtswidrigkeit des dadurch erlang= ten Vermögensvorteils und ſomit die Erpreſſung aus.

So ſprechen ſich auch die Motive — zu § 248, Abſ. 3. — dahin aus, daß eine an ſich berechtigte Gewalt — i. w. S. — unter den Thatbeſtand der Erpreſſung falle, wenn nur der Ver= mögensvorteil, zu deſſen Erlangung die Gewalt angewendet wurde, als ein rechtswidriger ſich darſtelle. Denn mit dieſem Moment werde die an ſich berechtigte Gewalt, da ſie zu einem unerlaubten Zweck angewendet werde, ſelbſt eine widerrechtliche. — Vgl. auch E. 1., 206; V., 172. R.: III, 79/80; Ob.=Trib. 27. III. 74. bei Goltdammer, 1874, p. 264; O. A. G. Dresden 26. X. 74 bei Stenglein V, 91. Katz, a. a. O. p. 436, 440; v. Buri, G.=S. p. 59/60. —

Die Rechtswidrigkeit des Zwecks wirkt infizierend auf das an ſich nicht rechtswidrige Mittel.

§ 6.

Nötigung.

Schon aus der Wortfaſſung des § 253 — „Wer . . . . . nötigt" — erhellt, daß die Nötigung ein weſentliches Moment der Erpreſſung bildet.

---

[29]) Villnow — p. 12, 13 — erachtet eine Erpreſſung ſtets dann für ausgeſchloſſen, wenn der Thäter ein ihm zuſtehendes Recht auszuüben androhe bezw. „gegen Vergütung" auf die Geltendmachung ſeines Rechts zu verzich= ten ſich erbiete: denn der könne nicht ſtrafbar ſein, der ankündige, ſein Recht in den ihm vom Geſetz geſteckten Grenzen ausüben zu wollen.

Mit dieſer letzten Einſchränkung, die aber Villnow nicht zu beachten ſcheint, iſt der von ihm aufgeſtellte Satz richtig; die Drohung von ſeinem Rechte Gebrauch zu machen, iſt an ſich ſicher nicht ſtrafbar, erfolgt ſie aber in der Abſicht und zu dem Zwecke, mittels derſelben einen rechtswidrigen Ver= mögensvorteil zu erlangen, ſo überſchreitet das „die vom Geſetz geſteckten Grenzen," und ſo wandelt ſich der an ſich ſtrafloſe Thatbeſtand in einen ſtraf= baren um; vgl. auch: Katz, p. 440, Binding Normen II. p. 560, Haelſchner Syſtem.

Aehnlich auch Dalcke — p. 11 ſſ.: der Gebrauch eines Rechts ſei nur ſo lange nicht rechtsverletzend, als dies innerhalb der Grenzen des Geſetzes geſchehe, anderenfalls handle es ſich nicht mehr um einen Gebrauch, ſon=

Unser Gesetzbuch behandelt in § 240 die Nötigung als ein selbständiges Delikt, u. z. wird man die Erpressung als eine besondere Art der Nötigung bezeichnen können, von welch' letzterer jene sich dadurch unterscheidet, daß hier — bei der Erpressung — die Absicht des Thäters auf die Erlangung eines rechtswidrigen Vermögensvorteils gerichtet sein muß, ferner dadurch, daß jede Bedrohung, nicht bloß die „mit einem Verbrechen oder Vergehen", sondern auch die mit einer berechtigten, nicht strafbaren Handlung den Thatbestand erfüllt.[30])

Mit anderen Worten: Die Erpressung ist ein durch den Zweck qualifizierter, hinsichtlich des Nötigungsmittels der Bedrohung unbeschränkter[31]) spezieller Fall der Nötigung.

Das Wesen der Nötigung liegt in dem Zwange zu einer „Handlung, Duldung oder Unterlassung," der auf den Genötigten ausgeübt wird.

Während schon alle früheren Deutschen Strafgesetze — mit nur wenigen Ausnahmen[32]), die nur von „Handlung oder Unterlassung" reden — diese Dreiteilung aufweisen, war der 1. „Entwurf eines St.-G.-B.'s für den Norddeutschen Bund" einer der Ausnahmen, dem Pr.-Str.-G.-B., gefolgt. Der revidierte Entwurf hingegen nahm die „Duldung" in den Thatbestand mit auf, und das mit gutem Recht.[33]) Denn „dulden" und „unterlassen" sind

———

dern um einen Mißbrauch des in Rede stehenden Rechts. — Vgl. auch: v. Buri, (G.-S. p. 63. — Hiernach wird man auch den Fall — vgl. a. a. O. Dalcke, v. Buri — als Erpressung strafen, wo die Geschwängerte dem Schwängerer droht, ihn als solchen anderen Personen gegenüber zu bezeichnen, falls er ihr nicht höhere als die gesetzlichen Alimente zahle. — Während Villnow in den früheren Beispielen einen strafbaren Zwang unbedingt leugnet, will er hier die Strafbarkeit davon abhängig machen, ob Zwang vorliegt oder nicht, und zwar werde der Richter da auch für das Strafrecht keinen Zwang annehmen, wo dies die Vorschriften des Civilrechts ausschließen. Zur Erläuterung führt er weiter die Bestimmungen des Allgem. Land-Rechts an, „die als Interpretationsregeln für unser Strafrecht gelten können."

Aber gerade diese Bestimmungen, insbesondere § 38, I. 4. A. L. R., wonach die „Drohung, sich seines Rechts gesetzmäßig zu bedienen .... niemals als Zwang angesehen werden" könne, spricht gegen Villnows Entscheidung des angeführten Falls. Denn schwerlich dürfte die Androhung eines zwar an sich erlaubten Uebels zu dem Zweck der Erlangung eines rechtswidrigen Vermögensvorteils sich als „gesetzmäßig" bezeichnen lassen.

[30]) Vgl. Meves, a. a. O. p. 210, Nr. 13. John, a. a. O. p. 240, Entwurf, p. 499, 533. Dalcke, a. a. O. p. 10/11. Geyer, H. H. B. III. p. 568. Merkel, H. H. B. III. 726. E. II, 287. a. M.: Kroneder p. 646.

[31]) Vgl. unten Note: 165.

[32]) Preußen, St.-G.-B. §§ 212. 234. Oldenburg, St.-G.-B. Art. 195, 218. Lübeck, St.-G.-B. §§ 175, 198.

[33]) Vgl. u. a.: Dalcke, a. a. O. p. 7.

nicht, wie man wohl oft behauptet hat[34]), identisch, sondern wesent=
lich verschieden. Freilich dürfte die Behauptung nicht zutreffen, daß
der Unterschied im Verhalten des Willens auf Seiten des Verletzten
zu suchen sei, daß sich nämlich der Wille in der Duldung ausschließ=
lich ruhend zeige, während er bei der Unterlassung nicht bloß
ruhend, sondern auch thätig erscheine.[35])

Hiergegen spricht, daß eine „Duldung"[36]) sowohl wie eine
Unterlassung[37]) auf einem Willensentschluß des Genötigten beruhen
kann, daß dies aber weder hier noch dort wesentlich ist.

Vielmehr ist sehr wohl der Fall denkbar, daß „Dulden"[38])
sowohl als „Unterlassen" durch unwiderstehliche Gewalt[39]) entgegen
dem Willen des Verletzten erzwungen wird, also nicht auf dessen
Willen beruht.

Der Unterschied liegt vielmehr darin, daß das „Dulden" ein
weiteres zu der Nötigungshandlung — Anwendung von Gewalt
oder Drohung — noch hinzutretendes Handeln des Nötigers be=
grifflich erfordert.[40]) Ebensowenig, wie unter „Dulden" das bloße
Erdulden der nötigenden Gewalt[41]) zu verstehen ist, besteht die
„Unterlassung" darin; daß der Genötigte der Nötigungshandlung
keinen Widerstand entgegensetzt; vielmehr stellt sich die „Unterlassung"
als ein rein passives Verhalten des Genötigten dar, als die Nicht=
ausführung einer Handlung, welche ohne die Nötigung erfolgt wäre.

Den Gegensatz zur „Unterlassung" bildet die „Handlung";
hier wirkt der Genötigte aktiv, in ihr zeigt sich der Wille thätig,
einen bestimmten Erfolg herbeizuführen.[42])

Irrig ist Villnow's Ansicht[43]), der „Thun" mit „Handeln"
identifiziert. „Thun" nämlich ist nichts als eine rein mechanische
Bewegung des Genötigten durch den Nötiger, durchaus verschieden
von dem bewußten „Handeln" als Ergebnis des — wenn auch
beeinflußten — Willens des Genötigten. — So liegt ein „Thun",

---

[34]) Binding, Normen, II. p 525; Bruck, p. 55; Geyer, H. H. B. III.
574; H. Meyer, Lehrbuch p. 505; Olshausen, a. a. O. § 176,6, § 240,2; a. M.
mit Recht: v. Schwarze, Comm. § 253,14; Villnow bei Goltdammer XXIV.
122; Haelschner, Gem. Str.=R. II. 119.

[35]) Katz, a. a. O. p. 428.

[36]) John, a. a. O. p. 243; Helmke, p. 13. a. a. O.

[37]) Katz, a. a. O.

[38]) Haelschner, (G. S. p. 8.

[39]) Vielfach wird die unwiderstehliche Gewalt vom Begriff der Er=
pressung ausgeschlossen; vgl. u. a.: Katz, a. a. O. p. 431/32; John, a. a. O.
p. 242; a. M. mit Recht: Helmke, a. a. O. p. 15; Geyer, H. H. B. IV.
p. 391; v. Buri, (G. S. p. 66; Villnow, a. a. O. p. 7 § 6; E. IV. 482; R.
III. 629; im übrigen siehe hiergegen unten Seite 20 ff. genaueres.

[40]) So v. Buri, (G. S. p. 56.

[41]) So auch Koestlin, a. a. O. p. 427.

[42]) Aehnlich: Katz; a. a. O. p. 428; Helmke, a. a. O. p. 13.

[43]) A. a. O. p. 7: „Der Ausdruck „Handeln" steht für „Thun".

nicht ein „Handeln" Seitens des Genötigten vor, wenn der Nötiger diesem zwecks Unterzeichnung eines Schuldscheines gewaltsam die Hand führt.

Mit vollem Recht zählt das Gesetz das „Thun" nicht besonders auf; nicht aber, weil es, wie Villnow irrig annimmt, unter „Handeln" fällt, sondern weil es sich als ein „Dulden" der Handlung des Nötigers darstellt, welche das „Thun" bewirkt, und somit in dem Begriff der „Duldung" mit enthalten ist.

Da Fälle, wie der eben angeführte, sich unstreitig als Erpressung qualifizieren, — natürlich vorausgesetzt, daß die übrigen Requisite gleichfalls erfüllt sind — ergiebt sich auch, wie beiläufig erwähnt sei, daß der Gesetzgeber eine Willensthätigkeit des Genötigten nicht voraussetzt, diese also kein begriffliches Erfordernis ist;[44] hieraus wieder folgt, daß die unwiderstehliche Gewalt[45] nicht — wie wegen des mit ihr verbundenen Ausschlusses jeder Willensaktion oft angenommen wird — von der Erpressung ausgeschlossen zu sein braucht.

§ 7.
Nötigungsmittel.

Hinsichtlich der Mittel, mit denen der Thäter die Nötigung bewirkt, ist zu unterscheiden zwischen der einfachen Erpressung des § 253 einerseits und der qualifizierten und räuberischen Erpressung — §§ 254, 255 — andererseits. Während nämlich das Gesetz bei der einfachen Erpressung als Mittel der Nötigung ganz allgemein „Gewalt" und „Drohung" erfordert, verlangt es in § 254 eine qualifizierte Drohung, d. h. eine „Bedrohung mit Mord, mit Brandstiftung oder mit Verursachung einer Ueberschwemmung" und für den Fall der räuberischen Erpressung „Gewalt gegen eine Person" und „Anwendung von Drohungen mit gegenwärtiger Gefahr für Leib oder Leben."

Zunächst unterscheiden sich Gewalt und Drohung ganz allgemein dadurch, daß das Angriffsobjekt jener der Körper ist, während die Drohung sich gegen die Seelenkräfte richtet. —

[44] Aehnlich: v. Buri, G.-S. v. 89; Villnow, a. a. O. p. 7; a. M.: Katz, a. a. O. p.: 427.
[45] Vgl. hierüber Note: 39 und Seite 20 ff.

Gewalt.

Das Wort „Gewalt" wird in verschiedenem Sinne gebraucht: einmal als Mittel der Nötigung und zwar wieder in einem engeren und einem weiteren Sinn. Im weiteren Sinn umfaßt es die physische Gewalt — vis absoluta — und die psychische — vis compulsiva[46]) —; in dieser Bedeutung wenden es die Motive[47]) an; im engeren Sinne wird darunter nur die physische Gewalt verstanden, und diese meint das R.-St.-G.-B., wo es der Gewalt die Drohung an die Seite stellt,[48]) wie z. B. im § 240, 253 u. f. w.

Ferner wird Gewalt und Zwang oft promiscue gebraucht, d. h. es werden Mittel und Erfolg mit einander verwechselt. Dieser Doppelsinn ist oft verkannt worden[49]) und das ist mit ein Hauptgrund für die Unklarheit, welche über das Verhältnis der „Gewalt" des § 253 zu der „Gewalt gegen eine Person" — § 255 bezw. § 249 — herrscht.[50])

Bez. der im Civilrecht üblichen Einteilung der physischen Gewalt in unwiderstehliche und andere physische Gewalt ist Villnow[51]) zwar darin beizustimmen, daß diese Unterscheidung für das Strafrecht — mit Ausnahme des § 52 R.-St.-G.-B. — an sich überflüssig ist, weil es sich hier — im Criminalrecht — nur um Beurteilung des Handelns des **Vergewaltigers**, nicht, wie im Civilrecht und im § 52 St.-G.-B., um die Wirkung der Gewaltübung auf den **Vergewaltigten** handelt.

Indes ist hier, wo eine Bestimmung des Begriffs und des Umfanges der „Gewalt" des § 253 gegeben werden soll, diese Frage nicht zu umgehen, zumal es in der Doctrin streitig ist, ob die Gewalt jenes Paragraphen auch die „unwiderstehliche Gewalt" in sich begreife.

Während die herrschende Meinung diese Frage bejaht,[52]) wollen einige[53]) die unwiderstehliche Gewalt ganz ausschließen, andere[54])

---

[46]) Die Motive reden nie von absoluter und kompulsiver, sondern stets von physischer und psychischer Gewalt.

[47]) Z. B. zu § 248 des Entwurfs.

[48]) Erst Entwurf II. hat dies im Gegensatz zu Entwurf I. konsequent durchgeführt.

[49]) Z. B.: v. Liszt, Lehrbuch p. 339.

[50]) Vgl. Haelschner, (G.-Z. p. 14; Schnabel, a. a. O. p. 8; Helmke, a. a. O. p. 18/19.

[51]) p.: 6, a. a. O.

[52]) Binding, Normen II. p.: 526; Haelschner, (Gem.-Str.-R. II. p.: 120; Herbst, a. a. O. p.: 48; Helmke, a. a. O. p.: 16; Geyer, H. H. B. III. 575. IV. 391; Olshausen, a. a. O. § 240,4; Rubo, a. a. O. § 240,8; Villnow, a. a. O. p. 7, bei Goltdammer p. 196. E. II. 184, 287, IV. 432; R. I. 17. VI. 80; III. 19. VI. 80; II. 23. IX. 81. VII. 545. R. D. O.: XIII. 459, XIX. 328.

[53]) R. D. O. XIV. 797; XVI. 425; Meves, a. a. O. p. 207/8.

[54]) Haelschner, (G.-Z. p. 8; (Gem. Deutsches Strafrecht, II. 120.

— und ihrer Meinung schließen wir uns im Folgenden an — unter der Gewalt im Sinne der in Rede stehenden Paragraphen n u r die unwiderstehliche verstehen.

Daß die erste Meinung unrichtig, also die unwiderstehliche Gewalt nicht ausgeschlossen ist, beweist u. E. schon die Geschichte des § 253. Während das Pr.-St.-G.-B., das dem R.-St.-G.-B. zum Vorbilde diente, sowohl im § 212 — Nötigung — als im § 234 — Erpressung — nur von Drohungen und von der Nötigung zu einer „Handlung oder Unterlassung" sprach, hat der Entwurf und auch das R.-St.-G.-B. die „Gewalt" einerseits und anderseits die „Dulbung" in den Thatbestand der entsprechenden Paragraphen mit auf-genommen. Diese Aenderung kann unmöglich bedeutungslos sein, vielmehr ist eine Korrespondenz zwischen „Gewalt" und „Dulbung" anzunehmen und zu folgern, daß, wenn, wie wir angenommen haben, ein Dulden auch durch unwiderstehliche Gewalt erzielt werden kann, letztere auch in der „Gewalt" der betr. Paragraphen enthalten ist.[55]

Zahlreiche Versuche sind gemacht worden, die Gewalt im Sinne des § 240 bezw. 253 zu definieren[56]); — wir werden den Begriff der Gewalt als jedes weder unmittelbar noch mittelbar auf die Seele einwirkende Zwangsmittel bestimmen müssen; sie umfaßt nämlich, wie wir sehen werden, bloß die a u s s c h l i e ß l i c h gegen den K ö r p e r gerichtete Kraftanwendung, nicht auch die auf die S e e l e abzielende Gewalt, bei welch' letzterer der Körper nicht das aus-schließliche A n g r i f f s - sondern nur das D u r c h g a n g s o b j e k t bildet. Denn es darf nicht verkannt werden, daß in den weitaus meisten Fällen, wo man schlechthin von „Gewalt" spricht, diese nur die äußere Erscheinungsform der D r o h u n g ist, und, der Regel nach, die sog. „Gewalt" als D r o h u n g — wenn auch nur mittelbar durch das Medium des Körpers — auf die S e e l e ein-wirkt.[57] Und nur die u n w i d e r s t e h l i c h e Gewalt, d. i. die, welcher der Genötigte einen erfolgreichen Widerstand entgegen-zusetzen nicht vermochte, richtet sich a u s s c h l i e ß l i c h gegen den Körper; nur bei dieser ist das abgenötigte Verhalten — „Dulbung" oder „Unterlassung" — eine unmittelbare Folge der schon verübten Gewalt; — eine „Handlung" ist dabei ausgeschlossen, nur ein „Thun" ist denkbar, dies aber fällt unter „Dulden".[58]

[55]) Vgl Haelschner, a. a. O. p.: 7.

[56]) Vgl. u. a.: Katz, a. a. O. p. 431; Haelschner, a. a. O. p: 2; F. Meyer, a. a. O. p. 96 Nr. 4; H. Meyer, Lehrb. p. 502; Villnow, p. 8; v. Wächter, (G.-S. p. 162/65; v. Schwarze, Sächs.-Ger.-Ztg. XVI. p. 43; v. Liszt, Lehrbuch p. 339; Meves, a. a. O. p. 207; Helmke. a. a. O. p. 38.

[57]) Vgl. u. a.: Villnow, § 9 p. 11; Haelschner, (G.-S. p. 4/5, 20; Katz, a. a. O. p. 431/2; v. Buri, (G.-S. p. 22; Oppenhoff, § 253, Nr. 2 p. 615; Geyer, H. H. B. III. p. 575; H. Meyer, Lehrbuch p. 503; John, p.: 542, Nr. 4.

[58]) Vgl. hierüber oben Seite 18/19.

Jebe andere, nicht unwiderstehliche physische Gewalt stellt den Vergewaltigten vor die Alternative, entweder dem Verlangen des Nötigers zu willfahren, oder aber eine Fortsetzung oder Steigerung der bereits erlittenen Gewalt über sich ergehen zu lassen. Es ist nämlich in solch einer nicht unwiderstehlichen Gewalt die still= schweigende Drohung enthalten, der Nötiger werde die Gewaltübung fortsetzen oder steigern, falls der Genötigte sich der Nötigung gegen= über nicht willfährig zeige; nur in den allerseltensten Fällen wird der Thäter die e r k e n n b a r e Absicht haben, nur ein bestimmtes Quantum Gewalt anzuwenden und, sollte diese Gewaltübung erfolg= los bleiben, von der weiteren Nötigung Abstand zu nehmen.

Und so wird man behaupten dürfen, daß die nicht unwider= stehliche Gewalt in der That nur eine verkappte, im Gewande der Gewalt auftretende D r o h u n g ist. Denn sie stellt, wie wir ge= sehen, den Genötigten vor eine Wahl, zielt also auf einen Willens= entschluß ab und unterscheidet sich von der e i g e n t l i c h e n Drohung nur dadurch, daß bei dieser die Seele u n m i t t e l b a r e s A n g r i f f s o b j e k t ist, während jene, die nicht unwiderstehliche Gewalt, die Seelenkräfte nur m i t t e l b a r , auf dem Umwege über den Körper, trifft.

Ist auch der Weg verschieden, so ist doch, und das ist das Entschei= dende, Ziel und Zweck — Seele und Erregung von Furcht — gleich. So, wenn z. B. jemand durch Mißhandlungen zur Aus= stellung einer Quittung genötigt wird; müßte er bestimmt, daß es der Nötiger mit den bereits erteilten Schlägen genug sein lassen werde, so läge für ihn kein Grund vor, dem Verlangen des Thäters zu entsprechen; vielmehr läßt sich der Genötigte durch die, wenn auch stillschweigende, man könnte fast sagen, selbstverständliche Androhung einer Fortsetzung der Mißhandlungen zur Ausstellung der Quittung bestimmen.[59])

Ebenso in Fällen, wo G e w a l t g e g e n S a c h e n angewen= det wird[60]): A., der eine Sammlung kostbarer Porzellane besitzt, wird von B. dadurch, daß dieser einige Stücke der Sammlung zer= trümmert, bestimmt, dem B., dessen Verlangen gemäß, eine Summe Geldes zu schenken. Sicherlich wird A. hier nicht durch die b e r e i t s e r l i t t e n e Gewalt, durch die Thatsache, daß B. ihm erheblichen Schaden zugefügt hat, bewogen, diesem ein Geschenk zu machen, vielmehr bestimmt ihn zu seinem Verhalten die Befürch= tung, B. werde anderenfalls sein Zerstörungswerk fortsetzen, und diese Furcht ist hervorgerufen durch die in der Gewalt enthaltene D r o h u n g. —

---

[59]) Aehnlich v. Wächter, G.=S. p. 169.
[60]) Vgl. Seite 21, 23; vgl. u. a.: v. Schwarze, Sächs.=Ger.=Ztg. XVI. p. 38/39; v. Wächter, G.=S. p. 165/166.

Ist hiernach die Gewalt des § 253 als unwiderstehliche Gewalt bestimmt und auf diese beschränkt, so bleibt nun noch das Verhältnis zwischen dieser „Gewalt" des § 253 und der „Gewal gegen eine Person" der §§ 255 bezw. 249 zu erörtern. Während nach Meinung der einen[61]) zwischen den §§ 253 und 255 bezw. 249 eben mit Rücksicht auf die Verschiedenheit der Gewalt ein unlösbarer Widerspruch besteht, einige auch um dessentwillen eine Textänderung für geboten erachten[62]), folgern andere[63]), daß die Gewalt des § 253 überhaupt nicht gegen die Person gerichtet sein dürfe und hieraus, daß sie nur die Gewalt gegen Sachen in sich begreife; wieder andere wollen umgekehrt die Gewalt gegen Sachen von der Gewalt des § 253 überhaupt ausschließen, da jene nur „in der Form der Drohung ein Erpressungsmittel"[64]) sei.

Weiter hat man — im Gegensatz zu § 249 — hinsichtlich des § 253 eine andere Auffassung des Begriffs: „Gewalt gegen eine Person" behauptet, daß nämlich hier — § 255 — nicht j e d e Gewalt gegen eine Person die räuberische Erpressung begründe, sondern im Gegensatz zu § 253 nur eine erheblichere Gewalt, die mit einer „Drohung mit gegenwärtiger Gefahr für Leib oder Leben" auf einer Stufe stehe.

Nach dieser Auffassung[65]) soll § 253 neben der Gewalt gegen Sachen nur die geringere Gewalt gegen Personen umfassen, § 255 dagegen unter Ausschluß der Gewalt gegen Sachen nur die erheblichere Gewalt gegen Personen.

Zu dem gleichen Ergebnis, wenn auch mit anderer Begründung, führt die auf's Heftigste angegriffene[66]) Auslegung v. Wächter's,[67]) der die Worte: „mit gegenwärtiger Gefahr für Leib oder Leben" auch als zu der „Gewalt gegen eine Person" gehörig betrachtet.

Was nun die citierten Meinungen im einzelnen anlangt, so nehmen wir weder einen unlösbaren Widerspruch an, noch halten wir eine Textänderung für erforderlich; vielmehr läßt sich u. E. der scheinbare Widerspruch zwischen den in Rede stehenden §§ 253 und 255 einfacher heben; freilich nicht, wie dies meist versucht wird,

---

[61]) Geyer, II. 58, G.-S. 1875, 384; H. Meyer, Lehrb. p. 591; Binding, Normen I. 462; Schnabel, p. 53.

[62]) v. Liszt, Reichsstrafrecht, p. 299, Anm. 3, § 253: „Gewalt g e g e n eine Person", § 255: „Gewalt a n einer Person".

[63]) F. Meyer, § 253,4; Olshausen, p 957 § 253, 14, 22, p.: 959 § 255,2; Oppenhoff, § 253,2; Wanjek, a. a. O. p. 199; Puchelt § 253 Nr. 2.

[64]) v. Wächter, G.-S. p. 165; Str.-M. 358; v. Schwarze, Ger.-Ztg. p. 38; Comm. § 253,4. S. IV. 432. Vgl. das oben Seite 22 Gesagte.

[65]) v. Buri, G.-S. p. 13.

[66]) U. a.: Merkel, H. H. B. IV. 417; Oppenhoff p. 615, § 253. N. 2; Olshausen, § 253,14 § 255,2; Haelschner, II. 379, G.-S p. 19 ff; Wanjek, p. 195.

[67]) G.-S. p. 173; ähnlich: Katz, a. a. O. p. 432. 434. Schwarze, Comm. § 253.4.

unter Zuhilfenahme der „Gewalt gegen Sachen", denn diese scheiben wir als eine verkappte Drohung aus dem Begriff der Gewalt ganz aus.[68]

Abgesehen hiervon kranken die meisten der erwähnten Ansichten daran, daß sie den Doppelsinn des Wortes „Gewalt" verkennen, das, wie schon oben[69]) angedeutet, nicht bloß das M i t t e l der Nötigung, — die Thätigkeit — sondern auch den Zwang als das E r g e b n i s der Gewaltübung — den Zustand — bezeichnet.

Im letzteren Sinne nämlich trifft die Gewalt n u r die Person[70]) u. z. nur die Person desjenigen, dessen „Handlung, Duldung oder Unterlassung" zur Erlangung des rechtswidrigen Vermögensvorteils verhelfen soll, während die physische[71]) oder psychische Gewalt als Mittel der Nötigung sich nicht ausschließlich gegen die Person, sondern auch gegen Sachen, und, wo eine Person das Angriffsobjekt, nicht unbedingt gegen die des Genötigten, sondern unter Umständen auch gegen Dritte richten kann; gegen Dritte nämlich, wofern deren Verletzung den zu Nötigenden in der vom Nötiger gewünschten Richtung zu beeinflussen vermag.

Im einzelnen ist zunächst hinsichtlich der Beziehung der „Gewalt" des § 253 zu der des § 255 Haelschner[72]) darin beizustimmen, daß letztere im Verhältnis zu ersterer den engeren, spezielleren Begriff darstellt; demnach ist, da wir die „Gewalt" des § 253 als unwiderstehliche Gewalt charakterisiert und hierauf beschränkt haben, auch unter der „Gewalt gegen eine Person" nur eine solche unwiderstehliche Gewalt zu verstehen. Der Unterschied zwischen beiden aber besteht darin, daß § 253 nur die m i t t e l b a r e unwiderstehliche Gewalt[73]) umfaßt, während die Gewalt des § 255, eben mit Rücksicht auf den Zusatz: „gegen eine Person" auf eine die Person u n m i t t e l b a r treffende, einen Angriff auf die k ö r p e r l i c h e I n t e g r i t ä t darstellende, unwiderstehliche Gewalt zu beschränken ist.[74])

Mittelbare Gewalt — z. B. Einsperren einer Person in ein Zimmer, so daß ein Entweichen unmöglich ist — trifft zwar in ihrer Wirkung auch die Person, enthält aber nicht einen

---

[68]) Vgl. das oben Seite 22 Gesagte.
[69]) Seite: 20.
[70]) So auch Haelschner. G.=Z. p. 11.
[71]) Ausgenommen die unwiderstehliche Gewalt; siehe hierüber oben Seite: 22.
[72]) A. a. O.
[73]) Vgl. u. a.: Villnow, p. 21; Ob. Trib. Stuttgart 12. VII. 73 bei Stenglein, 1874, p. 20; Haelschner, G.=Z. p. 16; Merkel, H. H. B. III. 718, IV. 418; a. M.: H. Meyer, Lehrbuch p. 544; v. Buri, G.=Z. p. 17; v. Wächter, G.=Z. p. 167.
[74]) Vgl. Haelschner, p.: 20; auch Merkel, IV. 417; v. Liszt, Reichsstrafrecht p. 297. 290; Villnow, p. 21; Pezold, § 255; vergl. auch Rüdorff, p. 664,1.

direkten Angriff auf die körperliche Integrität, wie etwa ein Schlag, ein Schuß, ein Stoß und dergl.

Mit dieser Auffassung, daß nur eine die körperliche Integrität unmittelbar gefährdende unwiderstehliche Gewalt unter § 255 falle, steht in Einklang, daß in diesem Paragraphen der „Gewalt gegen eine Person" nicht die Drohung schlechthin, sondern nur eine „mit gegenwärtiger Gefahr für Leib oder Leben" verbundene an die Seite gestellt ist; da beide Mittel der Nötigung coordiniert sind, ist damit zum Ausdruck gebracht, daß der Leib oder Leben gefährdenden Drohung eine qualitativ gleichwertige, einen unmittelbaren Angriff auf die körperliche Integrität darstellende Gewalt entsprechen muß.[76]

Drohung.

Einer kurzen Erörterung — gewissermaßen nur zur Ergänzung des schon bei Besprechung der Gewalt Erwähnten — bedarf noch das zweite Nötigungsmittel, die „Drohung".

Unter Drohung schlechthin ist die Ankündigung eines zukünftigen Uebels zu verstehen, u. z. eines solchen, das im Stande ist, einen Zwang auf den Bedrohten auszuüben[76]; dergestalt, daß dieser sich vor die Alternative gestellt sieht, entweder das angedrohte Uebel über sich ergehen zu lassen, oder dem Drohenden zu willfahren, d. h. das von diesem verlangte Verhalten — „Handlung, Duldung oder Unterlassung" — zu beobachten.

Die Drohung hat, — sei es direkt als eigentliche Drohung, sei es indirekt in Form der entsprechenden Gewalt — in ihrer Endwirkung stets eine Richtung gegen die Seele, gleichviel, ob diese unmittelbares, oder — bei nicht unwiderstehlicher Gewalt gegen die Person oder Gewalt gegen Sachen[77] — nur mittelbares Angriffsobjekt ist.

Bez. des Verhältnisses der „Drohung" des § 253 einerseits zu der des § 254 — „Bedrohung mit Mord, mit Brandstiftung oder mit Verursachung einer Ueberschwemmung" — und des § 255 — „Drohungen mit gegenwärtiger Gefahr für Leib oder Leben" — andererseits ist zu sagen, daß jene, die Drohung schlechthin, das genus darstellt, aus dem eine bestimmte species mit Rücksicht auf ihre besondere Gefährlichkeit ausgesondert und zum Teil eines besonderen Thatbestandes gemacht ist.

---

[75]) So auch Haelschner, G.-S. p. 15; vgl. auch Haeberlin: III. p. 399.
[76]) Vgl. u. a.: v. Buri: G.-S. p. 67; Villnow: p. 11; Katz, p. 435; H. Meyer: p. 616; Oppenhoff p. 119, § 48, Note 30; Goltdammer, Mater. p. 277, ad. VII; F. Meyer, 182, 96, Nr. 5; v. Schwarze: Sächs.-Ger.-Ztg. p. 40, Pezold: § 253, N.: 8,8a.
[77]) Vgl. oben Seite: 22.

Es handelt sich in § 254 und § 255 gegenüber § 253 nur um eine qualifizierte Drohung. Der § 254 behandelt drei ganz spezielle Fälle, die mit Rücksicht auf die Schwere des angedrohten Uebels aus dem Thatbestande der Erpressung des § 253 herausgeschält und mit schwererer Strafe — Zuchthaus bis zu 5 Jahren — belegt sind.[78] Es sind hier drei Delikte zusammengefaßt, von denen das eine — Mord — das schwerste des ganzen St.-G.-B.'s ist, die anderen zwei besonders gemeingefährliche sind, insofern als sie nicht bloß ein einzelnes Individuum, sondern eine größere Gesamtheit hinsichtlich des Lebens oder Vermögens gefährden, ferner, insofern als ein Schutz gegen dieselben sehr schwierig und die Ausdehnung derselben nicht vorauszusehen ist.[79]

Unter Bedrohung mit Mord ist selbstverständlich nur Bedrohung mit künftigem Mord zu verstehen, denn sonst griffe § 255 — „Drohungen mit gegenwärtiger Gefahr usw." — mit seiner härteren Strafe — Zuchthaus ohne Beschränkung bis zum Höchstbetrage — Platz.

Bedrohung mit Totschlag fällt nicht,[80] wie das Berliner Ober-Tribunal[81] angenommen, unter § 254. Unter einer Bedrohung mit Totschlag im Sinne des § 212 St.-G.-B. kann nämlich nur die Androhung sofortiger Tötung verstanden werden; dann aber greift § 255 — Drohung mit gegenwärtiger Gefahr u. s. w. — ein; droht man aber, jemanden — nicht sofort, sondern — künftig töten zu wollen, so ist das nicht Drohung mit Totschlag, sondern mit künftigem Mord. —

Die Drohung des § 255 ist in doppelter Hinsicht spezialisiert; einmal werden Drohungen mit gegenwärtiger Gefahr erfordert, d. h. solche, mit denen die Gefahr unverzüglicher Verwirklichung verbunden ist, und damit alle die ausgeschlossen, welche nur eine zukünftige Gefahr — wenn auch für Leib oder Leben — in sich bergen. Weiter verlangt § 255 „Leib oder Leben" gefährdende Drohungen und schließt durch dieses spezielle Erfordernis alle die Drohungen aus, welche Gefahren für andere Güter, wie etwa Ehre, Vermögen u. s. w. enthalten.[82]

Hinsichtlich des Verhältnisses der drei Erpressungsparagraphen ergiebt sich demnach, daß die §§ 254 und 255 nur besondere Arten der Erpressung des § 253 sind, vor dieser ausgezeichnet

---

[78] (Gegen diese Aussonderung wendet sich Dalcke, a. a. O. p. 12.
[79] Aehnlich: Katz, G.-S. p. 438.
[80] So auch u. a.: Villnow, p. 51; v. Buri, G.-S. p. 68; Katz, p. 438.
[81] 11. XI. 69 bei Goltdammer, Bd. XVIII. p. 27.
[82] Vgl. Puchelt, St.-G.-B. § 249,5; Villnow, p. 22; Haeberlin, III 409; v. Buri, G.-S. p. 24 ff.

durch die Qualifikation der bei ihnen zur Anwendung kommenden Nötigungsmittel, sonst aber in nichts begrifflich von der einfachen Erpressung — § 253 — unterschieden.[83])

§ 8.
Verſuch und Vollendung.

Verſuchte Erpreſſung liegt vor, ſobald der That=beſtand zwar ſubjektiv, nicht aber objektiv erfüllt iſt; wenn alſo der verbrecheriſche Wille darauf geht, jemanden mittels Gewalt oder Drohung zu einem Handeln, Dulden oder Unterlaſſen zu nötigen in der Abſicht, ſich oder einem Dritten einen rechtswidrigen Ver=mögensvorteil zu verſchaffen, der Angegriffene aber der Nötigung nicht entſprochen, alſo die Handlung u. ſ. w. nicht vorgenommen hat; und zwar iſt nicht einmal erforderlich, daß derſelbe mit der ihm aufgenötigten Handlung u. ſ. w. den Anfang gemacht habe.[84])

Vollendet iſt das Delikt der Erpreſſung, ſeinem Charak=ter als Nötigungsdelikt entſprechend, ſobald der Genötigte das ent=ſprechende Verhalten beobachtet hat, m. a. W., wenn er die ver=langte „Handlung“ vorgenommen, die beabſichtigte unter=laſſen oder die Handlung des Nötigers geduldet hat,[85]) nicht aber wird erfordert, daß ſich auch die verbrecheriſche Abſicht, ſich oder einem Dritten einen rechtswidrigen Vermögensvorteil zu verſchaffen, erfüllt habe; ſo auch die Motive:[86])

„Die Vollendung des Vergehens liegt in der Thatſache, daß der andere zu der verlangten Handlung genötigt worden,“ . . . . ſo daß „die Vollendung des Verbrechens . . . . . ſich in dieſer Hand=lung u. ſ. w. erfüllt, auch wenn ſpäterhin der durch ſie erwartete Vermögensvorteil nicht erlangt wird; z. B. Ausſtellung einer Schuldverſchreibung, deren Rechtsbeſtändigkeit ſpäter mit der Einrede des Zwanges u. ſ. w. erfolgreich angefochten wird.“

Gerade hierin will man vielfach[87]) einen Hauptunterſchied zwiſchen Raub und Erpreſſung finden, und dieſe Anſicht nicht zum mindeſten hat den Stützpunkt für die herrſchende, u. E. unrichtige[88]) Auffaſſung des Verhältniſſes beider Delikte abgegeben.

---

[83]) Beiläufig ſei erwähnt, daß bei § 254 im Gegenſatz zu § 255 „mil=dernde Umſtände“ ausgeſchloſſen ſind.
[84]) U. a.: Ob. Trib. 8. X. 74. [bei Goltdammer, 1874, p. 619.]
[85]) So Haeberlin, a. a. O. Bd. III. p. 425, Nr. 8.
[86]) Zu § 248 des Entwurfs.
[87]) U. a.: v. Buri, G.=S. p. 69 ff.; Villnow, p. 3; p. 41, No. 2.
[88]) Vgl. hierüber unten § 18.

b) Raub.

§ 9.
Theorien über Begriff und Wesen des Raubes.

Unter Raub versteht das Reichsstrafgesetz-Buch — § 249 — die „mit Gewalt gegen eine Person oder unter Anwendung von Drohungen mit gegenwärtiger Gefahr für Leib oder Leben" in der Absicht rechtswidriger Zueignung erfolgende Wegnahme einer fremden beweglichen Sache.

Ebenso wie bei der Erpressung[89]) besteht beim Raube noch heute lebhafter Streit über Wesen und Begriff dieses Delikts.

Die einen sehen in ihm einen durch Gewalt gegen die Person verübten Diebstahl[90]), andere eine durch biebische Absicht ausgezeichnete Gewalt gegen die Person[91]), vielfach auch wird er als ein durch die besondere Richtung gegen das Vermögen qualifiziertes Verbrechen wider die persönliche Freiheit[92]), oder noch spezieller als ein Delikt gegen das Eigentum bezeichnet, das zugleich einen Eingriff in die Freiheit der Person involviere.[93]) Aehnlich charakterisieren die Motive[94]) im Anschluß an das gemeine Recht den Raub als ein selbständiges, vom Diebstahl verschiedenes, gegen Person und Eigentum zugleich begangenes Verbrechen. —

Gegen all' diese Definitionen ist das schon oben[95]) im allgemeinen Gesagte auch für den Raub anzuführen, daß nämlich die mit Rücksicht auf das verletzte Rechtsgut erfolgende Begriffsbestimmung nicht zu empfehlen ist, da sich die Absicht des Thäters in ihrem Endziel weder auf einen Eingriff in die persönliche bezw. Willensfreiheit[96]) richtet, noch auf eine Verletzung fremder Vermögensrechte oder des Eigentums, all' dies vielmehr nur Mittel zum Zweck ist, und der Selbstzweck des Delikts einzig und allein in der Zueignung einer fremden beweglichen Sache mittels Wegnahme besteht.

Dementsprechend wird man auch den Raub, zunächst ganz allgemein, als ein durch die Absicht rechtswidriger Zueignung

---

[89]) Vgl. oben Seite: 11/12.

[90]) Abegg, p. 494; Klien, p. 446; John, Entwurf, p. 537, 540; v. Liszt, Reichsstrafrecht, p. 267; Baden: Str.-G.-B. §410; Frankreich: Code pénal: Art. 382; Belgien: Art. 468: „vol commis à l'aide de violence."

[91]) St.-G.-B. für die Thüring. Staaten von 1849: Art. 152; Braunschweig, Crimin. G.-B. von 1840: § 175.

[92]) U. a.: v. Wächter, Str.-R. p. 364, Anm.; H. Meyer, Lehrb. p. 566

[93]) U. a.: Köstlin, p. 389; Haeberlin, a. a. O. 393.

[94]) Zu § 244 des Entwurfs.

[95]) Seite: 12.

[96]) Vgl. Note 13; vgl. auch Haeberlin, a. a O.

einer fremden beweglichen Sache mittels Wegnahme ausgezeichnetes Verbrechen charakterisieren müssen.

Inwieweit diese Begriffsbestimmung aufrecht zu erhalten, inwieweit sie zu modifizieren ist, kann erst die weitere Unter=suchung ergeben[97]), und so werden wir uns einstweilen mit dieser — wie schon vorweg bemerkt sei — nicht ganz vollständigen Charak=terisierung des Raubes begnügen müssen.

---

§ 10.

Absicht des Thäters.

Das wesentliche Merkmal ist also die Absicht, sich eine fremde, bewegliche Sache rechtswidrig zuzueignen. Hiermit ist, wie die Mo=tive[98]) ausdrücklich hervorheben, nicht etwa die Absicht gemeint, die Sache als Eigentum zu gewinnen; denn der Thäter wisse am besten, wie er dieselbe erworben, und könne daher das Eigentum nicht erlangen, wohl aber habe er die Absicht, über sie zu verfügen, als ob sie sein Eigentum sei.

Hiervon ausgehend wird man unter Zueignungsabsicht die Absicht verstehen müssen, sich in den Besitz der betreffenden Sache zu setzen[99]), m. a. W. das, was man in der Besitzlehre als animus rem sibi habendi[100]) bezeichnet.

Hiermit steht in Einklang, daß — was freilich nicht unbestritten ist[101]) — der sich nicht des Raubes strafbar macht, welcher von v o r n = h e r e i n die Absicht hatte, die Sache zu vernichten, zu zerstören usw.

Im allgemeinen zwar sind die weitergehenden Zwecke, welche der Thäter verfolgt, für die Frage, ob die That unter § 249 falle, irrelevant; wenn indes die Wegnahme n u r i n d e r Absicht und n u r z u d e m Zwecke erfolgt, die Sache zu vernichten, so kann gar nicht davon die Rede sein, daß er sie sich habe z u e i g n e n, son=dern einzig und allein, daß er sie habe zerstören wollen, und man wird eventuell Sachbeschädigung in Konkurrenz mit Körperverletzung, Be=leidigung usw. annehmen, nicht aber Raub; eben, weil der ver=

---

[97]) Vgl. unten Seite 32.
[98]) Zu § 237, 6. Absatz.
[99]) Vgl.: Binding, Normen II. p. 545; Haelschner, System, III. 439; v. Liszt, Lehrbuch, 419; Rüdorff, p. 522, N. 22; Merkel, H. H. B. III. p. 649.
[100]) Vgl. u. a.: Villnow, p. 178. Goltdammer, Mater. II. p. 466; E.: XXIV, 22.
[101]) Vgl. Villnow, a. a. O.; Merkel, H. H. B. III. 649; Motive zu § 236; F. Meyer, p. 188, Nr. 15; v. Liszt, Lehrbuch p. 420; Olshausen, p. 884 § 242, N. 30c.; Oppenhoff, 561/2, § 242 N. 41; Schütze, p. 430; R.: XI. 239 [11. II. 84]; Haelschner, II. 299; Goltdammer, Mat. p. 466.

brecherische Wille nicht auf Zueignung, sondern a u s s ch l i e ß l i ch auf Zerstörung der betr. Sache gerichtet ist, und es am animus rem sibi habendi durchaus fehlt.

Das teils in den früheren Gesetzen ausdrücklich enthaltene, teils von der Praxis subintelligierte Requisit des animus lucri faciendi hat unser R.-St.-G.-B. nicht aufgenommen und das mit gutem Recht; allerdings werden, wie sich nicht leugnen läßt, die meisten Diebstähle in gewinnsüchtiger Absicht begangen, aber diese ist, wie die Motive[102]) betonen, kein allenthalben zutreffendes Moment und aus diesen Erwägungen heraus hat der Gesetzgeber dieselbe als wesentliches Begriffsmerkmal fallen lassen.

Weiter stellt das Gesetz das Erfordernis der Rechtswidrigkeit der Zueignung auf. Zunächst ist auf das oben — Seite 14 — über den Begriff der R e ch t s w i d r i g k e i t im allgemeinen Gesagte zu verweisen; im besonderen ist zur Erkenntnis des Begriffs darauf hinzuweisen, daß die Aufnahme dieses Requisits in den Thatbestand in dieser Form und Fassung erst neueren Datums ist. Die früheren Gesetze enthalten darüber nichts, so spricht z. B. das A.-L.-R. § 1108, II. 20 nur von einer Wegnahme „ohne Vorbewußt oder Einwilligung des anderen." Die verschiedenen Entwürfe zum Pr.-St.-G.-B. schränkten dies ein, sie enthielten nämlich nur die Bestimmung, daß die Wegnahme ohne Einwilligung erfolgt sein müsse. Erst der Entwurf von 1850 ersetzte das Requisit der mangelnden Einwilligung — zwecks Umgehung der Streitfrage, wessen Einwilligung entscheidend sei, ob die des Eigentümers oder des Inhabers der Sache — durch den Begriff der Rechtswidrigkeit.

Von da ist er auf dem Umwege über das Pr.-St.-G.-B. in unser R.-St.-G.-B. übergegangen[103]). Unter Berücksichtigung dieser Geschichte des Wortes „rechtswidrig" wird also unter einer rechtswidrigen Zueignung die ohne oder wider den Willen des Berechtigten erfolgende verstanden werden müssen.[104])

Die Zueignungsabsicht kommt in der „Wegnahme" zum Ausdruck; d. h. in der Entziehung aus der Innehabung des anderen; es handelt sich also um einen Eingriff in dessen Detention[105]), und zwar muß der Räuber die Sache in seinen Gewahrsam gebracht haben.

Dazu ist nicht erforderlich, daß er sie auch fortschaffe, nur muß sie der Disposition des Verletzten entzogen sein.[106])

---

102) Motive zu § 236; vgl. u. a. auch: Goltdammer, Mat. II. 464 ff; v. Liszt, Lehrbuch p. 419.
103) Vgl. Goltdammer, Mat. II. p. 463.
104) Aehnlich: Villnow, a. a. O. p. 16; Haelschner, System, III. p. 427.
105) Vgl. u. a.: v. Buri, G.-S. 11; Villnow, p. 15/6; Haelschner, a. a. O. p. 528; Pezold, § 242, N. 33; v. Liszt, Lehrbuch 418.
106) Vgl. R. VII. 539.

Der frühere Streit darüber, was dazu erforderlich sei, darf nunmehr als erledigt gelten; nach übereinstimmender Ansicht steht unser Gesetz unter Verwerfung der Contrectations- und Ablations theorie auf dem Boden der Apprehensions-Lehre[107]); die Wegnahme einer Sache setzt zwar eine körperliche Berührung derselben voraus, erfordert aber einerseits mehr als ein bloßes Berühren, andererseits weniger als ein Forttragen.

§ 11.
Nötigung und Nötigungsmittel.

Weiter nennt § 249 als Thatbestandsmerkmale: „Gewalt gegen eine Person" oder „Drohungen mit gegenwärtiger Gefahr für Leib oder Leben".

Bez. dieser qualifizierten Gewalt oder Drohung gilt dasselbe, was oben — Seite 25, 26, 27 — bei Besprechung des Verhältnisses des § 255 zu § 253 hinsichtlich der Nötigungsmittel ausgeführt ist, und es kann hier auf das dort Gesagte einfach verwiesen werden.

Diese Gewalt — i. w. S. — ist jedoch nicht, wie oft behauptet wird und auch der Wortlaut des Gesetzes: „mit Gewalt" anzudeuten scheint, das „Mittel der Entwendung"[108]), sondern eine bloße Begleiterscheinung derselben. Hierfür spricht einmal die auf die „Drohung" bezügliche Bestimmung: „unter Anwendung von Drohungen"; — nicht durch Anwendung usw., wie es heißen müßte, wenn dadurch das Mittel bezeichnet werden sollte; — ferner die Erwägung, daß nicht durch die Gewalt usw. die Entwendung zu Stande kommt; jene dient vielmehr anderen Zwecken, sie ist, wie wir noch sehen werden, ein Nötigungsmittel, sie soll nämlich eine Nötigung zum Dulden der Wegnahme bewirken, und so nur die Bedingung für die Entwendung schaffen, diese nur ermöglichen.[109]) —

Gewalt und Drohung nennt Binding[110]) die einzigen Mittel zur Nötigung und man wird noch weitergehen und behaupten dürfen: wo Gewalt und Drohung, da auch Nötigung.

Und in der That ist auch im Verbrechen des Raubes eine Nötigung enthalten.[111]) Wenn auch der Wortlaut des Gesetzes nicht

---

[107]) U. a.: Haelschner, System, III. p. 427, Anm. 3; 529; Berner, p. 542; Goltdammer, Mat. II. 461/2; Villnow, p. 16.

[108]) U a.: Koestlin, p. 390; Geyer, Grundriß, II. 56; Rüdorff, § 249 N. 2; Merkel, H. H. B. IV, p. 719; v. Liszt, Reichsstrafrecht p. 267, 298.

[109]) Oppenhoff, p. 611 § 249 Note 6.

[110]) Normen, II. p. 527/28.

[111]) Vgl. Binding, a. a. O. p. 558/59.

ausdrücklich auf eine Nötigung hinweist, so bieten doch, abgesehen von allem anderen, schon die Motive[112]) hinreichenden Anhalt für unsere Behauptung. Sie sprechen sich nämlich unzweideutig dahin aus, daß die angewendete physische oder psychische Gewalt das Mittel sein müsse, durch welches der Thäter den anderen n ö t i g e, die Wegnahme der Sache geschehen zu lassen. —

Unzweifelhaft ist aber die Nötigung, „die Wegnahme einer Sache geschehen zu lassen, eine Nötigung zu einem Dulden"[113]); zum Ueberfluß bezeichnen die Motive geradezu „die Gewalt als den Beweggrund des Beraubten zur D u l d u n g der Wegnahme."

Hiervon ausgehend wird man, die oben — Seite 28/29 — ge= gebene Charakteristik ergänzend, den Raub als eine durch die Ab= sicht rechtswidriger Zueignung einer fremden beweglichen Sache aus= gezeichnete Art der Nötigung definieren können. —

Im Anschluß hieran mag noch die vielbestrittene[114]) Frage er= örtert werden, ob Raub vorliegt, wenn der Thäter durch die ent= sprechende physische oder psychische Gewalt einen anderen zur He= rausgabe einer, nicht dem Thäter gehörigen Sache, in der Absicht, sich diese rechtswidrig zuzueignen, zwingt; ihn etwa unter Vorhal= tung der Pistole und durch die Drohung, „ihn anderenfalls zu er= schießen" — „la bourse ou la vie" — zur Herausgabe der Börse nötigt.

Wie wir gesehen, liegt das Wesen des Raubes in einer Nötigung zu einem D u l d e n, nämlich zum Dulden der Wegnahme der zu raubenden Sache Seitens des Räubers; es setzt also volle Passivität des Verletzten voraus.

In dem erwähnten Falle aber geht der Thäter gerade darauf aus, einen anderen zu einer H a n d l u n g, — zur Herausgabe der Sache — nicht zu einer D u l d u n g, zu nötigen, und somit kann dieser Fall nicht unter § 249, sondern nur unter § 255 fallen.

Praktisch freilich ist diese Unterscheidung belanglos, da die Strafe in beiden Fällen die gleiche; denn nach § 255 ist der Thä= ter „gleich einem Räuber zu bestrafen". —

Weiter giebt der Fall Anlaß zu lebhaftem Streit,[115]) wo der Thäter einen anderen durch die entsprechende qualificierte Gewalt

---

[112]) Zu § 244, insbesondere Abs. 2 und 3.

[113]) So: Merkel, H. H. B. IV. p. 416.

[114]) Raub nimmt an u. a.: Koestlin, p. 392 und die ebenda Note: 3 Citierten; p. 411; Villnow, p. 46; Mittermaier, p 223; Carpzow, II. 90, 66—70; für E r p r e s s u n g bezw. r ä u b e r i s c h e Erpressung sind: Oppen= hoff, p. 610, §. 249, N. 3; Katz, 424; F. Meyer, p. 206, N. 2; Dambach, § 51; Haeberlin, III. 422; Haelschner, System, III. p. 530, N. 4; 533, Nr. 3; Goltdammer, Mat. II. 515/6; N. I. Nr. 2 [30. III. 82]; Puchelt, § 253, N. 2.

[115]) Vgl. u. a.: Villnow, p 46/47; v. Buri, G.=S. p. 7/8.; 75/76; Merkel, H. H. B. IV. p. 416, Anm. 1.

ober Drohung nötigt, ihm den Aufbewahrungsort seiner Sachen an=
zugeben, damit er sie ihm in der Absicht rechtswidriger Zueignung
wegnehmen kann, der Genötigte der Nötigung entspricht und der
Thäter die Sachen dann fortnimmt.

Gegen die Annahme eines Raubes spricht ebenso wie im
vorigen Fall, daß die Nötigung ein H a n d e l n — Angabe des
Aufbewahrungsortes — zum Gegenstande hat, der Raub aber Nöti=
gung zum D u l d e n der Wegnahme erfordert; die Nötigung er=
streckt sich in dem vorliegendem Beispiele aber n u r a u f d a s
H a n d e l n des Genötigten, nicht auch auf das Dulden der Weg=
nahme.

Aber auch räuberische Erpressung liegt n i c h t a l l e i n vor.
Vielmehr handelt es sich in diesem Falle, u. E., um ein Zu=
sammentreffen mehrerer strafbarer Handlungen, um eine Realkon=
kurrenz zwischen räuberischer Erpressung und Diebstahl.[116]) Der
Angegriffene wird durch die Gewalt bezw. Drohung genötigt, den
Aufbewahrungsort der Sache zu benennen, d. h., er wird von dem
Thäter zu einer „Handlung" genötigt. — Die Wegnahme der Sachen
ist ein an sich selbständiges Delikt, das mit dem ersten, der räube=
rischen Erpressung, in einer rein äußerlichen Verbindung steht
Die Erpressung ist schon vollendet, sobald der Genötigte
der Nötigung entsprechend, den Ort der Aufbewahrung bezeichnet
hat; denn die Verwirklichung der Absicht bezüglich Erlangung des rechts=
widrigen Vermögensvorteils ist für die Vollendung irrelevant.

Im übrigen ist ja die Erpressung von der Wegnahme der
Sachen auch zeitlich getrennt, und je mehr Zwischenraum zwischen
beiden Handlungen — der des Genötigten: Angabe des Auf=
bewahrungsortes, und der des Nötigers: Wegnahme der Sachen —
liegt,[117]) um so weniger wird man sich der Ueberzeugung verschließen
können, daß zwei s e l b s t ä n d i g e Delikte vorliegen, die eine Be=
strafung gemäß den §§ 74, 242, 255 erfordern.

Wollte man hiergegen einwenden, daß dieser Fall, wie es ja
auch prima facie scheint, von dem früheren begrifflich nicht verschie=
ben sei, so ist zu erwidern, daß dort, wo der Thäter die ihm über=
gebene Sache a n n i m m t, von einer Wegnahme im Sinne

---

[116]) So auch: Villnow, p. 47 Nr. 2; a. M.: v. Buri, p. 75/76:
freilich mit der Einschränkung, daß u n t e r U m s t ä n d e n solch eine Kon=
kurrenz begründet sei: wenn nämlich zwischen der Offenbarung und der Weg=
nahme längere Zeit liege, die Wegnahme der Sache also äußerlich nicht mehr
als Bestandteil der Erpressung erscheine, somit auch der Zwang, unter dem
der Genötigte zur Zeit der Offenbarung gestanden, beseitigt sei, und so die
Wegnahme als nicht mehr mit dem Zwange in Verbindung stehend angesehen
werden müsse. — Diese Verbindung der Wegnahme mit der Nötigung
leugnen wir aber, wie im Text ausgeführt, u n b e d i n g t, nicht, wie v. Buri,
bloß „unter Umständen."

[117]) Vgl. oben Note 116: v. Buri's Meinung.

des § 242 bezw. § 249 nicht die Rede sein kann,[118]) also schon aus diesem Grunde ein Diebstahl nicht vorliegt; außerdem ist Dieb=stahl bei Einwilligung des Berechtigten begrifflich ausgeschlossen[119]); der Genötigte willigt aber in diesem Fall in der That — wenn auch gezwungen — in die Aneignung der Sache Seitens des Thäters. — coactus voluit. —

Im zweiten Fall dagegen kann man, wenigstens der Regel nach, eine Einwilligung betr. Aneignung nicht annehmen; wird doch in den weitaus meisten Fällen der Thäter schon aus Klugheitsrücksichten nicht verraten, zu welchem Zweck er den betreffenden Ort erfahren wolle. Und selbst, wenn der Genötigte dies weiß oder vermutet, willigt er damit, daß er, der Nötigung entsprechend, den Aufbewah=rungsort der Sachen angiebt, doch noch lange nicht auch in deren Wegnahme.[120])

Abgesehen hiervon unterscheiden sich beide Fälle auch noch da=durch, daß da, wo der Genötigte zur Herausgabe der Sachen ge=zwungen wird, im Gegensatz zu dem zweiten Fall die Handlung des Ge=nötigten von der sog. Wegnahme der Sache auch zeitlich nicht getrennt ist. — Also wird man dort, bei Nötigung zur Herausgabe, räuberische Erpressung, hier, bei Nötigung zur Angabe des Auf=bewahrungsortes und darauf folgender Wegnahme der Sache, räuberische Erpressung in Konkurrenz mit Diebstahl annehmen müssen.

—

§ 12.
Objekt der Zueignungsabsicht.

Als Gegenstand, auf den sich die Zueignungsabsicht richtet, nennt das Gesetz „eine fremde bewegliche Sache"; hiermit ist ein=mal Raub einer herrenlosen, sowie der eigenen,[121]) im fremden Ge=wahrsam befindlichen Sache, ferner auch Raub an Immobilien[122]) ausgeschlossen.

Hinsichtlich der „beweglichen" Sache ist nur der natürliche, nicht der civilrechtliche Begriff maßgebend, d. h. als beweglich gilt jede Sache, die von der Stelle bewegt werden kann, so daß einer=seits Teile unbeweglicher Sachen, die zum Zweck des Raubes von letzteren erst getrennt werden, sowie ihrer natürlichen Beschaffenheit nach bewegliche Pertinenzen von Immobilien hierunter fallen, ander=

[118]) Vgl. auch: John, Entwurf, p. 538 ff.
[119]) Goltdammer, Mat. II. 510; F. Meyer, p. 187 Nr. 11.
[120]) Vgl. v. Schwarze, Comm. p. 671 Anm 5.
[121]) Vgl. u. a : Motive zu § 248, Abs. 2; Haelschner, System III. 423/4.
[122]) Vgl. Goltdammer, Mat. II. zu § 245, Nr. 1.2 p. 457/8; zu § 230, Nr. 4 p. 515.

seits unkörperliche Sachen von dem Begriff ausgeschlossen sind.[123]) —
Daß eine f r e m d e Sache erfordert wird, bedeutet, daß sie
in eines anderen als des Thäters Eigentum stehen muß; dies
Requisit war dem A. L. R. z. B. noch fremd; analog dem Römi=
schen Recht zog es die rapina rei suae in den Begriff hinein, und
auch noch die ersten beiden Entwürfe des Pr.=St.=G.=B.'s folgten
dem A. L. R. in diesem Punkte; die späteren Entwürfe dagegen,
und so auch das Pr.=St.=G.=B. schieden den Raub der eigenen
Sache aus durch Aufnahme eben jenes Erfordernisses, daß das Ob=
jekt der Zueignung eine für den Thäter fremde Sache sei.

Was endlich den Wert des Objekts anlangt, so ist dieser
nach den Motiven[124]) für den B e g r i f f des Diebstahls und des
Raubes völlig irrelevant und kommt nur als Strafzumessungsgrund
in Betracht.

§ 13.
Versuch und Vollendung.

Raub=V e r s u c h liegt, ebenso wie bei der Erpressung, dann
vor, sobald die s u b j e k t i v e n Erfordernisse des Delikts vorhanden
sind, der Thatbestand jedoch o b j e k t i v nicht erfüllt ist; m. a. W.: wenn
die entsprechende physische oder psychische Gewalt angewendet worden,
um den zu Beraubenden zum Dulden der Wegnahme der Sache zu
nötigen, welche der Thäter sich rechtswidrig zuzueignen beabsichtigt,
die Nötigung aber erfolglos geblieben ist. —

Die Vollendung des Delikts setzt, wie die Motive[125]) sagen
und allgemein angenommen wird, nicht allein die „Beendigung der
Gewaltthat, sondern auch die Wegnahme der Sache" voraus, und
darin wird, wie schon oben[126]) angedeutet worden, der schlagendste Beweis
für die Richtigkeit der Behauptung gesehen, daß eine begriffliche
Verschiedenheit zwischen Raub und Erpressung bestehe.

Diese Frage, insbesondere aber der Nachweis dafür, daß die Motive
und die herrschende Meinung von einem falschen Gesichtspunkt aus=
gehen, kann hier, wo wir es mit dem Raube allein zu thun haben,
nicht näher behandelt werden, wird uns aber im speziellen Teil
noch eingehend beschäftigen.[127])

---

[123]) Vgl. u. a.: Goltdammer, Mat. II. p. 458; F. Meyer, p. 186
Nr. 7; Haelschner, System III. p. 424; R. d. O.: VII. 123, [22. II. 66]; Pezold,
§ 242, Nr. 5. 6.
[124]) Zu § 237 des Entwurfs, Absatz 8.
[125]) Zu § 244, Absatz 1.
[126]) Siehe Seite 27.
[127]) Siehe § 18, Seite 44 ff.

B. Spezieller Teil.

§ 14.

Theorien über das Verhältnis zwischen Raub und Erpressung.

Nachdem wir bisher Erpressung und Raub im einzelnen behandelt haben, kommen wir nunmehr zu der Frage, in welchen Beziehungen beide Delikte zu einander stehen.

In unserer Auffassung dieses Verhältnisses liegt es begründet, daß wir uns hier kürzer fassen, nämlich darauf beschränken können, die Ergebnisse unserer bisherigen Untersuchung über Raub und Erpressung hinsichtlich der einzelnen Thatbestandsmerkmale mit einander zu vergleichen und daraus den Schluß für das Verhältnis beider Verbrechen zu ziehen.

Auf den ersten Blick verrät der Wortlaut des Gesetzes wenig gemeinsames, so daß es nicht Wunder nehmen kann, wenn die Zusammenstellung beider in einem Abschnitt des R.-St.-G.-B.'s vielfach Anlaß zu Tadel gegen dessen Fassung gegeben hat; vielfach aber auch ist die Frage nach ihrem Verhältnis unerörtert geblieben und von hervorragenden Kriminalisten ganz übergangen worden.

So nehmen einzelne die coordinierende Gegenüberstellung von Raub und Erpressung in unserem St.-G.-B. als eine Thatsache hin, ohne den Grund dafür anzugeben, weshalb eine Aussonderung des Raubes als selbständigen Delikts aus der allgemeinen Definition der Erpressung geboten erscheint.

Koestlin[124]) sieht in der Erpressung „das den Raub ergänzende Verbrechen des mittels Verletzung der Freiheit ausgeführten Angriffs auf das Vermögensrecht." — Aehnlich wird auch die Erpressung als das dem Raub subsidiäre Verbrechen bezeichnet.[125])

Schütze[130]) führt an, daß Raub im Gegensatz zur Erpressung seinem formellen Zweck nach Entwendung mittels Gewalt sei, u. z. eine dem Diebstahl verwandte Entwendung aus fremdem Gewahrsam, während die Erpressung mehr Verwandtschaft mit der Nötigung zeige.

Hierin aber prägt sich keine wesentliche Verschiedenheit aus, die den Gesetzgeber berechtigen könnte, Raub und Erpressung als selbständige Delikte einander gegenüber zustellen; denn einmal kann auch der Thatbestand der Erpressung „Entwendung mittels Gewalt" zum Inhalt haben, ferner ist, wie wir gesehen haben, auch

---

[124]) p. 411; vgl. auch: Haelschner, System III. p. 583.
[125]) Merkel, H. H. B. III. 726; Binding, Normen, II. 560; vgl. auch: Haeberlin, p. 420/21; Str.-G.-B. für die thüringischen Staaten: Art. 155; Hessen: St.-G.-B. Art. 349; v. Schwarze, Comm. § 253. Nr. 1.
[130]) Lehrbuch.

im Raube eine Nötigung enthalten, und nur das eine ist zuzugeben, daß der Wortlaut des Gesetzes das Erfordernis der Nötigung bei der Erpressung a u s d r ü c k l i c h aufstellt, was beim Raube nicht der Fall ist. —

Merkel[131]) findet eine wesentliche Verschiedenheit zwischen beiden Verbrechen darin, daß der Raub, nicht aber die Erpressung, eine bewegliche Sache als Angriffsobjekt b e d i n g e, ferner darin, daß die Erpressung nicht „Drohungen mit gegenwärtiger Gefahr für Leib oder Leben", wie der Raub, voraussetze.

Wenn nun der Raub eine bewegliche Sache zum Angriffs= objekt haben m u ß, die Erpressung aber haben k a n n, so ist das eine Verschiedenheit höchstens der A r t, nicht aber der G a t t u n g nach und kann somit nicht als b e g r i f f l i c h e r Unterschied hinge= stellt werden; ferner erfordert die sog. „räuberische Erpressung" ebenso wie der Raub „Drohungen mit gegenwärtiger Gefahr für Leib oder Leben", und diese ist doch auch eine — wenn auch besondere Art der — Erpressung.

Nach Binding[132]) ist der Unterschied darin zu suchen, daß die Erpressung w e s e n t l i c h ein „Bereicherungsverbrechen" sei, während beim Raube zwar d e r R e g e l n a c h der Thäter auch auf „Be= reicherung" ausgehe, daß dies aber hier nicht w e s e n t l i c h sei und nur als Strafzumessungsgrund in Betracht komme.

Wenn aber „d e r R e g e l n a c h" der Zweck bei b e i d e n Delikten der g l e i c h e, so kann dieser doch nicht ein unterscheiden= des Begriffsmerkmal nur für das e i n e der Delikte abgeben.

Nach v. Buri[133]) läßt sich eine, wenn auch thatsächlich wenig bedeutungsvolle Verschiedenheit zwischen Raub und Erpressung nur dann konstruieren, wenn man der Gewalt das „Thun" und die „Duldung"[134]), der Drohung aber die „Handlung" und „Unter= lassung" ausschließlich zuweise. Dann nämlich lasse sich dem Raube die gewaltsame Wegnahme der Sache subsummieren, während Er= pressung anzunehmen sei, sofern die Passivität des Vergewaltigten eine Folge von Drohungen sei. Bei der Erpressung wolle der Thäter einen Entschluß des Vergewaltigten herbeiführen, während es dem Räuber auf einen Entschluß des von ihm Angefallenen gar nicht ankomme.

Bez. der Meinung v. Buri's ist zunächst zu sagen, daß die von ihm konstruierte Verschiedenheit rein willkürlich und ohne inneren Grund erscheint.

---

[131]) H. H. B. III. p. 728.
[132]) Normen, II. p. 559/60.
[133]) G.=S. p 9.
[134]) Vgl. oben Seite 18/19, wo ausgeführt ist, daß „Thun" unter „Dulden" fällt.

Nicht allein, daß eine „D u l b u n g", — wie wir oben Seite 18 — schon betont haben, auch die Folge einer „D r o h u n g," und umgekehrt eine „Unterlassung" die Folge angewendeter „G e w a l t" sein kann, spricht auch schon der Wortlaut des Ge= setzes direkt gegen seine Annahme. Denn im § 253 ist ausdrück= lich neben der Drohung a u c h die G e w a l t als Mittel der Nötigung zu einer „Handlung," „Unterlassung" oder „D u l b u n g" genannt und umgekehrt in §. 249 beim Raube neben der Gewalt — gegen eine Person — a u c h die D r o h u n g — mit gegenwärtiger Gefahr usw.

Katz[135]) sieht, ähnlich wie v. Buri, den Unterschied beider Delikte darin, daß bei der Erpressung der Thäter die Willensthätig= keit des Verletzten provoziere, der Räuber hingegen die letztere ab= solut ausschließen, aufheben wolle.

Was wir schon oben — Seite 19 — ausgeführt haben, gilt auch hier, beim Raube, daß nämlich ebenso wie bei der Erpressung der Wille des Verletzten beeinflußt werden k a n n, aber weder hier noch dort beeinflußt werden m u ß; ist doch sehr wohl eine Er= pressung denkbar, bei welcher der Thäter nicht auf eine Willens= aktion des Angegriffenen ausgeht, sondern mittels unwiderstehlicher Gewalt[136]) ein Dulden desselben zu erzwingen trachtet. Im übrigen ist es, wie wir aus dem Wortlaut des Gesetzes gefolgert haben, völlig irrelevant, ob das Verhalten des Vergewaltigten die Folge eines Willensentschlusses ist oder nicht; demnach braucht auch der verbrecherische Wille nicht unbedingt, wie Katz anzunehmen scheint, bei der Erpressung auf Herbeiführung eines Willensentschlusses, beim Raube auf Ausschluß der Willensthätigkeit des Genötigten gerichtet zu sein.

Auch die der Volksmeinung entsprechende, aber auch von Criminalisten[137]) vertretene Ansicht, der Raub setze eine W e g= n a h m e, die Erpressung dagegen eine erzwungene H i n g a b e an den Thäter voraus, trifft, wie schon eine ganz oberflächliche Be= trachtung lehrt, nicht zu. Zwar e r f o r d e r t der Raub eine Weg= nahme Seitens des Thäters, dadurch unterscheidet er sich aber nicht begrifflich von der Erpressung, denn diese umfaßt auch Fälle gewalt= samer Wegnahme. Richtig ist nur, daß der Raub, im Gegen= satz zur Erpressung, auf die Fälle gewaltsame Wegnahme be= schränkt ist.

---

135) G.=S. p. 427, 433.

136) Vgl. oben Seite 20/21, 24.

137) Vgl. u. a.: bei Rüdorff, St.=G.=B. [Guttentag]. 17. Aufl Vorbemerkung zum XX. Abschnitt p. 154; R. IV. 288; Matthaeus, de criminibus, ad. lib. 47, tit. 7: „de concussione", p. 206: „R a p t o r e s t, q u i v i r e m . . . domino aufert; concussor, qui non tam aufert, quam terrore iniecto efficit, ut sibi pecunia vel res aliqua a domino volente detur." A. M. u. a: v. Schwarze, Sächs.=Ger.=Ztg. VIII. p. 395.

Die Motive[13]) endlich begründen die Fassung des Entwurfs, der, ebenso wie das Pr.-St.-G.-B., Erpressung und Raub in e i n e m Abschnitt behandelt, damit, daß bei beiden ein Verbrechen gegen das Vermögensrecht in Frage stehe, welches durch einen unmittelbaren Zwang gegen die W i l l e n s f r e i h e i t begangen werde, ferner damit, daß die Erpressung wie der Raub einen Vermögensvorteil voraussetze, auf den der Thäter kein Recht habe.

Hiermit ist nur die V e r w a n d t s c h a f t zwischen Raub und Erpressung dargethan, nicht aber zu begründen versucht, weshalb der Raub als ein selbständiger Verbrechensbegriff der Erpressung coordiniert g e g e n ü b e rgestellt ist.

Gegen die erwähnten Ansichten, insoweit sie Raub und Erpressung als begrifflich verschiedene Delikte betrachten, spricht allein die Thatsache, daß beide in unverkennbaren Wechselbeziehungen stehen; dergestalt, daß, sobald sich das Thatbestandsmerkmal der Gewalt — i. w. S. — hinsichtlich seiner Stärke ändert, sofort der Raub zur Erpressung wird. So qualifiziert sich zum Beispiel die mittels Gewalt erfolgte Wegnahme einer fremden, beweglichen Sache in der Absicht rechtswidriger Zueignung nicht als Raub, sondern als einfache Erpressung, sofern die angewendete Gewalt sich nicht unmittelbar gegen die körperliche Integrität richtet, oder die zur Anwendung kommenden Drohungen mit zukünftiger, nicht mit gegenwärtiger Gefahr, oder, wenn dies der Fall, mit Gefahr, nicht für Leib oder Leben, sondern mit Gefahr für das Vermögen, die Ehre usw. verbunden sind.

Die Erkenntnis dieser Thatsache rechtfertigt die Vermutung, daß in der That eine begriffliche Verschiedenheit zwischen beiden Delikten n i c h t besteht.

Der Nachweis dafür, daß dies wirklich der Fall ist, und die herrschenden, von der gegenteiligen Voraussetzung ausgehenden Theorien keine Berechtigung haben, soll nunmehr im einzelnen versucht werden.

§ 15.

Wie verhält sich die verbrecherische Absicht bei der Erpressung zu der des Räubers?

Bei der Erpressung geht die Absicht des Thäters auf Verschaffung eines rechtswidrigen Vermögensvorteils, sei es für sich, sei es für einen Dritten; beim Raube ist der verbrecherische Wille auf die Zueignung einer fremden, beweglichen Sache gerichtet.

Nun ist der Begriff: „Vermögensvorteil" rein abstrakt zu

---

[13]) Zu § 248.

verstehen[139]); es ist, worüber gegenwärtig in Theorie[140]) und Praxis[141]) Einhelligkeit zu herrschen scheint, nur ein Vorteil pekuniärer Art, nicht etwa ein Gewinn, eine Bereicherung erforderlich.

Hiervon ausgehend wird man v. Buri[142]) darin folgen können, daß auch der Raub stets auf einen rechtswidrigen Vermögensvorteil gerichtet sei; denn jede weggenommene Sache biete einen Vermögens= vorteil dar. Auch eine „fremde bewegliche Sache" kann demnach einen Vermögensvorteil abgeben, und unter dem Ausdruck „sich ver= schaffen" kann sehr wohl ein Verschaffen durch „Wegnahme" ver= standen werden.[148])

Auch die Motive finden offenbar keinen begrifflichen Unterschied zwischen Raub und Erpressung in dem Zweck beider Delikte, denn sie sagen:

„Die Erpressung setzt . . . ebenso wie der Raub einen Ver= mögensvorteil voraus, auf welchen der Thäter kein Recht hat."

Nur darin finden sie in dieser Beziehung einen, wenn auch nicht begrifflichen, Unterschied, daß die Erpressung keineswegs, wie der Raub, auf die rechtswidrige Aneignung einer körperlichen Sache beschränkt sei.[144])

Es kann also auch bei der Erpressung die Wegnahme einer fremden beweglichen Sache in der Absicht rechtswidriger Zueignung vorkommen; so, wenn A. den B. mittels der Drohung, ihn öffent= lich als Schurken brandmarken zu wollen, nötigt, die Wegnahme seiner Uhr zu dulden. Hier finden wir die wesentlichen Criterien des Raubes — Wegnahme einer fremden beweglichen Sache in der Ab= sicht rechtswidriger Zueignung — mit Ausnahme des qualifizier= ten Nötigungsmittels und gerade mangels des letzteren Requisits fällt die That nicht unter § 249, sondern unter § 253 des R.=Str.=G.=B.'s.

Während die mittels Gewalt gegen eine Person oder unter Anwendung der entsprechenden Drohungen erfolgende Wegnahme einer fremden beweglichen Sache in der Absicht rechtswidriger Zueignung sich als Raub charakterisiert, fällt einerseits die mit den= selben Mitteln erfolgende Wegnahme einer fremden beweglichen Sache ohne die Zueignungsabsicht, sowie die auf die gleiche Weise stattfindende Wegnahme der eigenen Sache unter den That=

[139]) Vgl. oben Seite 13.

[140]) U. a.: Oppenhoff, p. 616 § 253, N. 4; p. 639 § 263, Nr. 2 ff.; p. 697, § 268, Nr. 2; Meves, p. 226 ff. Nr. 8—13; John, Entwurf, p. 541; v. Schwarze, Comm. p. 671 § 242,14.

[141]) E. VII. 378; X. 217; R. I. 24; III. 84; Pezold, § 242, 45; § 263, 12.

[142]) G.=S. p. 9.

[143]) Aehnlich: Merkel, H. H. B. IV. 417; Villnow, p. 43.

[144]) Vgl. auch: Haelschner, System III. p. 533.

beſtand der räuberiſchen Erpreſſung, und andererſeits die in der Abſicht rechtswidriger Zueignung erfolgende Wegnahme einer fremden beweglichen Sache ohne die qualifizierte Gewalt bezw. Drohung unter den Thatbeſtand der einfachen Erpreſſung des § 253 des Str.-G.-B.

Aus alledem erhellt, daß ein b e g r i f f l i c h e r Unterſchied darin nicht liegen kann, daß Erpreſſung „die Abſicht, ſich oder einem Dritten einen rechtswidrigen Vermögensvorteil zu verſchaffen“, der Raub die Wegnahme einer fremden beweglichen Sache in der Ab-ſicht rechtswidriger Zueignung erheiſcht; daß vielmehr nur eine beſtimmte A r t der Verſchaffung eines rechtswidrigen Vermögens-vorteils aus dem Gattungsbegriff herausgehoben und als That-beſtandsmerkmal des Spezießdelikts aufgeſtellt iſt.

- - - - -

§ 16.
Verhältnis der Erpreſſungs-Nötigung zu der des Raubes.

Als Mittel zur Erreichung des eben beſprochenen Zwecks dient bei der Erpreſſung die Nötigung zu einer „Handlung, Dul-dung oder Unterlaſſung.“ Während der geſetzliche Thatbeſtand der Erpreſſung das Requiſit der Nötigung beſonders hervorhebt: „Wer . . . ., nötigt“, erwähnt die Legaldefinition des Raubes dieſes Erforderniß nicht a u s d r ü c k l i c h.

Indes begreift, wie wir geſehen haben[145]) der Raub ebenfalls eine Nötigung in ſich, nämlich die Nötigung zum Dulden der Weg-nahme der fremden beweglichen Sache.

Demnach läßt ſich auch hinſichtlich dieſes Erforderniſſes eine begriffliche Verſchiedenheit zwiſchen beiden Delikten nicht konſtruieren; wenn nämlich einerſeits § 253 neben der Nötigung zu einer Hand-lung und Unterlaſſung auch die Nötigung zu einer „Duldung“ auf-zählt, und anderſeits § 249,— wenn auch nicht expressis verbis, ſo doch dem Sinne nach — eine Nötigung zu einer „Duldung“ vor-ausſetzt, ſo ergiebt ſich, daß der § 249 auch in dieſer Beziehung weder ein begrifflich neues Erforderniß gegenüber dem § 253 auf-ſtellt, noch ein begriffliches Requiſit dieſes Paragraphen vermiſſen läßt, ſondern nur ein ſ p e z i e l l e s Merkmal aus dem a l l - g e m e i n e r e n, u m f a ſ ſ e n d e r e n Thatbeſtand des § 253 herausgreift.

Im ſelben Verhältnis ſtehen die Mittel der N ö t i g u n g bei beiden Delikten.

---

145) Siehe oben Seite 31/32; ausdrücklich erwähnte das Erforderniß der Nötigung beim Raube das St.-G.-B. für das Großherzogtum Baden: § 410.

Während als solche die einfache Erpressung „Gewalt oder
Drohung" schlechthin nennt, fordert der Thatbestand des Raubes
„eine Gewalt gegen die Person" oder „Drohungen mit gegenwärtiger
Gefahr für Leib oder Leben." Auch hierin tritt keineswegs ein
w e s e n t l i c h e r Unterschied zu Tage, ebensowenig wie zwischen der
Erpressung des § 253 und der räuberischen Erpressung — § 255 —[146]);
vielmehr ist aus dem G a t t u n g s begriff: Gewalt bezw. Drohung
nur eine besondere A r t ausgeschieden und zum Merkmal eines
s p e z i e l l e n Thatbestandes gemacht.

Im übrigen kann bezüglich dieses Punktes auf das oben Seite
24—27 — bei Besprechung des Verhältnisses des § 253 zu § 255 —
Gesagte verwiesen werden.

Auch der von Villnow[147]) konstruierte Unterschied, daß nämlich
beim Raube die körperliche Gewalt gegen die Person dessen gerichtet
sein müsse, der den Thäter an der Wegnahme der fremden beweg=
lichen Sache hindere, während sie bei der Erpressung gegen den
sich richten müsse, dessen „Thun"[148]), „Dulden" oder „Unterlassen"
das Mittel zur Verschaffung des rechtswidrigen Vermögensvorteils
abgeben soll, ist hinfällig; es ist zwar richtig, daß beim Raube das
Verhalten dessen, gegen den sich die physische oder psychische Gewalt
richtet, n i c h t das M i t t e l zur Verschaffung des rechtswidrigen
Vermögensvorteils — Zueignung einer Sache — abgeben soll
und abgiebt; aber auch bei der Erpressung giebt das Verhalten des
Vergewaltigten nicht i m m e r das M i t t e l, sondern vielfach nur
die B e d i n g u n g für die Verschaffung des rechtswidrigen Ver=
mögensvorteils ab, und zwar ist letzteres, genau so wie beim Raube,
stets dann der Fall, wenn eine „D u l d u n g" in Frage steht.

§ 17.

Ist Causalnexus zwischen Nötigung und Erlangung des rechtswidrigen Vermögensvorteils bei Raub oder Erpressung wesentlich?

Im Anschluß hieran und im Zusammenhang hiermit mag
noch die u. E. irrige Ansicht[149]) erörtert werden, wonach der wesent=
liche Unterschied zwischen Raub und Erpressung darin zu finden sei,
daß dort — beim Raube — das Verhalten des Vergewaltigten
nicht im Causalzusammenhang mit der Erlangung des rechtswidrigen
Vermögensvorteils stehe, während bei der Erpressung entweder wirk=
lich oder doch in der Meinung des Thäters, die „Handlung, Dul=

[146]) Siehe oben Seite 24--27.
[147]) A. a. O. p. 8 § 7.
[148]) Vgl. in betreff des „Thuns" oben Seite 18/19.
[149]) Villnow, a. a. O., p. 44/45; vgl. auch: v. Wächter.

bung ober Unterlaffung" die Urſache der Verſchaffung des qualifizierten Vermögensvorteils ſei ober ſein ſolle.

Abgeſehen von allem anderen iſt zu beachten,[150]) baß das Geſetz weder in § 249, noch in § 253 bezw. 264, 255 ein Wort von der Notwendigkeit des Vorhandenſeins eines ſolchen cauſalen Zuſammenhanges erwähnt.

Ferner iſt gegen Villnow's Ausführungen zu bemerken, baß ein cauſaler Zuſammenhang ſich nur auf. objektive, nicht auf ſubjektive Momente gründet, daß er nur auf Thatſachen, nicht auf Meinungen fußt.[151]).

Im übrigen iſt an Villnow's Ausführung ſoviel richtig, baß beim Raub in der That ein Cauſalneruß zwiſchen dem Verhalten des Genötigten — Duldung der Wegnahme - und der Erlangung des rechtswidrigen Vermögensvorteils nicht beſteht. Die Duldung nämlich iſt nicht Urſache desſelben, ſondern nur Bedingung, ſie bewirkt ihn nicht, ſondern ermöglicht ihn nur.[152])

Weiter iſt bezüglich der Erpreſſung zu ſagen, daß bei ihr ein urſächlicher Zuſammenhang zwiſchen dem Ergebnis der Nötigung und der Erlangung des rechtswidrigen Vermögensvorteils zwar beſtehen kann, nicht aber unbedingt beſtehen muß;[153]) und zwar beſteht ein ſolcher nur dann, wenn das Verhalten des Vergewaltigten entweder ſelbſt den rechtswidrigen Vermögensvorteil repräſentiert[154]) oder doch — wenn auch nur mittelbar — zur Folge hat; in allen anderen Fällen aber iſt, ebenſo wie beim Raube, das Verhalten des Genötigten nur Bedingung, nicht Urſache des erlangten Vermögensvorteils.

Dies trifft ſtets zu bei der Nötigung zu einem Dulden; hier iſt die Erlangung des Vermögensvorteils die Folge des weiteren Handelns des Nötigers, nicht aber des Duldens, dieſes vielmehr ermöglicht nur, ſchafft alſo nur die Bedingung.

Nach alledem wird man ſagen müſſen, daß ein urſächlicher Zuſammenhang unbedingt nur zwiſchen der Nötigung und dem Verhalten des Genötigten beſteht, und nur, wenn dieſes die Verſchaffung des Vermögensvorteils bewirkt, nicht bloß ermöglicht, treten Nötigung und Erlangung des Vermögensvorteils ebenfalls in einen Cauſalneruß.[155])

So, wenn A. den B. durch phyſiſche oder pſychiſche Gewalt zur Herausgabe ſeiner Börſe nötigt; dann iſt die „Handlung" des

---

[150]) Vgl. u. a.: v. Buri, G.-Z. p. 7.

[151]) Vgl. v. Buri, a. a. O. p. 7, ebenda II. Abhandlung p. 93.

[152]) Vgl. hierzu: Pfizer, insbeſondere p. 549.

[153]) A. M.: vgl. bei Rüdorff, Comm. p. 562 N. 14.

[154]) Z. B.: bei Vernichtung eines vom Nötiger ausgeſtellten Schuldſcheins durch den Genötigten.

[155]) A. M.: R. III. 78 [E.: VII. 5 ff.]

B. — die Herausgabe der Börse — U r s a c h e des erlangten Vermögensvorteils, da ferner das Verhalten des Genötigten, wie gesagt,
stets Folge der Nötigung ist, so ist auch die Erlangung der Börse,
wenn auch nur mittelbare, Folge der Nötigung; hier also besteht ein
Causalnexus zwischen Nötigung und Vermögensvorteil. Anders im
Fall des Raubes, wie überhaupt in jedem Fall der Erpressung, bei
dem ein „D u l d e n" in Frage kommt. Die Duldung der Wegnahme beim Raub ist zwar F o l g e d e r N ö t i g u n g, nicht aber
auch ist die Wegnahme bezw. Zueignung Folge der Duldung; vielmehr ist diese nicht Ursache, sondern nur Bedingung, sie bewirkt
nicht, sondern ermöglicht nur die Erlangung des rechtswidrigen Vermögensvorteils, also bei dem Raube die Zueignung der fremden
beweglichen Sache.

---

§ 18.

Versuch und Vollendung.

Ist Konkurrenz zwischen Raub und Erpressung möglich?

Es bleibt nunmehr nur noch ein Punkt zu erörtern übrig,
der allerdings allgemein als Hauptargument für die herrschende
Ansicht, daß der Raub ein selbständiges Delikt sei, ins Gefecht ge-
führt wird; nämlich die angebliche Verschiedenheit hinsichtlich der
Vollendungszeit beider Delikte.[156])

Während nämlich, wie die Motive betonen, bei der Erpressung
die Vollendung des Verbrechens sich in der Handlung, Duldung
oder Unterlassung des Genötigten erfülle, auch wenn späterhin der
durch diese erwartete Vermögensvorteil nicht erlangt werde, setze der
Raub nicht bloß die Beendigung der Gewaltthat, sondern auch die
Wegnahme der Sache voraus, erfordere also im Gegensatz zur Erpressung Verwirklichung des erwarteten Vorteils. Anderenfalls
könne nur von Raubversuch die Rede sein.

Allein diese Verschiedenheit ist nur eine scheinbare, eine künstlich konstruierte. — Bei dem Raube zielt die Nötigung auf eine
Duldung ab; und zwar auf eine Duldung der Wegnahme; beides,
das Verhalten des Genötigten, — die Duldung der Wegnahme —
und die Realisierung der verbrecherischen Absicht — die Wegnahme — fällt zeitlich zusammen und m u ß zusammenfallen; ein
Dulden nämlich ist nicht zu trennen von der zu erduldenden Handlung, und zwar kann diese zu erduldende Handlung zeitlich weder
vorgehen, noch nachfolgen; vollzieht sich doch das Dulden in demselben
Augenblick, in welchem die zu erduldende Handlung vorgenommen wird.

---

[156]) Vgl. u. a.: v. Buri, G.-S. p. 69; Motive zu § 214 und § 248;
Goltdammer, Mat. II. 517, Nr. 6; Katz, 424.

Erfolgt beim Raube die Wegnahme nicht, so kann auch von einer Duldung der Wegnahme nicht die Rede sein; da dann die Nötigung nicht das durch sie bezweckte Verhalten des Genötigten zur Folge hat, ist das Delikt — aber eben nur aus d i e s e m Grunde — nicht vollendet. Wenn z. B. A. dem B. „unter Anwendung von Drohungen mit gegenwärtiger Gefahr für Leib oder Leben" einen von ihm, dem Thäter, ausgestellten Schuldschein wegnehmen will, B. sich aber durch die Drohung nicht einschüchtern läßt, und so die Wegnahme und demgemäß auch die Duldung der Wegnahme nicht erfolgt, so liegt nicht vollendeter Raub, sondern Raub v e r s u c h vor, aber nicht etwa weil der erstrebte Vermögensvorteil nicht erlangt, die Sache nicht „weggenommen" ist, sondern nur, weil mangels Wegnahme eine D u l d u n g der Wegnahme nicht zu Stande gekommen ist, der Genötigte also auch das von ihm geforderte Verhalten nicht beobachtet hat.

Es hieße, das Wesen der auf der N ö t i g u n g sich aufbauenden Delikte des Raubes und der Erpressung völlig verkennen, wollte man die Vollendung des Raubes nicht auch, wie die der Erpressung, nach dem Verhalten des G e n ö t i g t e n, das heißt bei vollendetem Raube nach dem „D u l d e n" der Wegnahme, sondern nach der, allerdings zeitlich hiermit zusammenfallenden W e g n a h m e selbst beurteilen, m. a. W. wollte man die Vollendung von dem Ver= halten des N ö t i g e r s, nicht, wie bei der Erpressung, von dem des Genötigten abhängig machen. — Hiermit fällt also der letzte, angeblich begriffliche Unterschied zwischen beiden Delikten, das letzte Argument gegen die Unterordnung des Raubes unter den all= gemeineren Begriff der Erpressung in sich zusammen, und wir werden uns auf Grund des Ergebnisses unserer Untersuchung v. Buri's[157]) Meinung anschließen können, daß der R a u b nur e i n e s p e z i e l l e A n w e n d u n g der E r p r e s s u n g repräsentiere. Merkwürdi= ger Weise kommt v. Buri zu diesem Resultat, trotzdem auch er eine Verschiedenheit hinsichtlich der Vollendung bei Raub und Erpres= sung annimmt.[158]) Diesen Widerspruch sucht er auf kühne Weise da= durch zu beheben, daß er auch bei der Erpressung, ganz im Gegen= satz zur herrschenden Meinung, die Verwirklichung des erstrebten Vermögensvorteils zu fordern vorschlägt.[159])

Dieser Ausweg ist, u. E., nicht bloß willkürlich, weil im Wesen der Erpressung als eines Nötigungsdelikts durch nichts be=

---

[157]) A. a. O.: p. 6. Nicht richtig dagegen will es uns scheinen, daß v. Buri ebenda die obige Äußerung dahin modifizieren zu müssen glaubt, die E. sei nur eine relative Erweiterung des R.'s. (Er geht dabei von der Ansicht aus, daß die Selbständigkeit der E. keine ausreichende Rechtfertigung für sich in Anspruch nehmen könne. Vgl. hierzu unten Seite 46.

[158]) (G.=Z. p. 69 ff.

[159]) A. a. O. 76/77.

gründet, sondern auch unnötig; denn er erübrigt sich, sobald wir, wie geschehen, die Entscheidung der Frage nach der Vollendung auch beim Raube von dem Verhalten des Genötigten, nicht des Nötigers, abhängig machen; also das Delikt als vollendet an= sehen, sofern nur der Genötigte das Verhalten, auf welches die Nötigung abzielte, beobachtet hat, ohne Rücksicht darauf, ob der erwartete Vermögensvorteil eingetreten ist oder nicht. —

Recapitulieren wir nun, daß der Thatbestand des Raubes sowohl hinsichtlich der Absicht des Thäters — Zueignung einer fremden beweglichen Sache — als des Mittels zum Zweck — Nötigung zu einem Dulden — wie auch hinsichtlich der Nötigungs= mittel — qualifizierte physische oder psychische Gewalt — nur spezielle Anwendungen der entsprechenden allgemeineren Requisite der Erpressung enthält, so kommt man zu dem Ergebnis, daß der **Raub** in der That **im Verhältnis zur Erpressung** nur **ein Speciesdelikt** ist, daß beide sich zu einander verhalten, wie die **Art zur Gattung.**[160])

Hiermit erledigt sich auch die Frage bezüglich einer Konkurrenz zwischen Raub und Erpressung entsprechend unserer Auffassung ein= fach dahin, daß nur eine Gesetzes=Konkurrenz zwischen beiden Delikten möglich, jede andere Konkurrenz aber ausgeschlossen ist.[161])

Anhang.

§ 19.

§ 252 R.-Str.-G.-B. — Erwägungen de lege ferenda.

Schließlich bleibt noch zu erwägen, welche Stellung dem im selben Abschnitt des Gesetzes in § 252 behandelten sog. „räuberi= schen Diebstahl" gegenüber der Erpressung und dem Raube zu= kommt.

Auch hierin wird man im großen ganzen v. Buri[162]) bei= pflichten können, daß überhaupt eine genügende Veranlassung für die Entstehung dieses Paragraphen fehle. Denn die nach § 252 straf= bare That falle unter die Erpressung, da sie „eine Nötigung zur Unterlassung der rechtmäßigen Besitzergreifung" der gestohlenen Sache darstelle, welche der Thäter in der Absicht, sich einen rechts=

---

160) Vgl.: v. Schwarze, Sächs.=Ger.=Ztg. VIII. p. 397; vgl. auch: v. Liszt, Reichsstrafrecht p. 297, 298.

161) So auch u. a.: H. Meyer, Lehrbuch, p. 592; Katz, p. 424; E. IV. 432; a. M. u. a.: Olshausen, § 253 Nr. 13c. p. 957.

162) G.=S. p. 53 ff.

widrigen Vermögensvorteil zu verschaffen, ausübe. Denn auch die Abwendung eines drohenden Nachteils — Verlust der gestohlenen, bereits zugeeigneten Sache — gilt, wie allseitig anerkannt wird,[163]) als ein Vermögens v o r t e i l.

Streng genommen umfaßt freilich, u. E., der § 252 zwei an sich selbständige Delikte[164]) — Diebstahl und räuberische Erpressung — und es liegt kein genügender Anlaß vor, beide innerlich kaum zusammenhängenden, sich nur rein äußerlich berührenden Delikte in e i n e n Thatbestand zusammenzuschmelzen; man sollte sie vielmehr, um nicht die ohnedies in der Lehre von Raub und Erpressung herrschende Verwirrung noch zu vermehren, nach den Regeln über das Zusammentreffen mehrerer strafbarer Handlungen — Realkonkurrenz — beurteilen; damit aber würde der § 252 überflüssig und könnte aus dem Abschnitt verschwinden. —

Zum Schluß sei es noch gestattet, in aller Kürze aus dem Ergebnis unserer Untersuchung die Nutzanwendung zu ziehen:

Denken wir uns drei concentrische Kreise! Der äußerste stellt die Nötigung im w e i t e r e n Sinne dar, d. h. die in Beziehung auf die Bedrohung unbeschränkte Nötigung[165]), der innere die Erpressung als die durch die s o g. Bereicherungsabsicht[166]) ausgezeichnete Nötigung, während der Raub und die räuberische Erpressung als Unterarten der einfachen Erpressung durch den innersten Kreis repräsentiert werden.

Dementsprechend ließe sich der wesentliche Inhalt des XX. Abschnitts unseres R.-Str.-G.-B.'s im Sinne unserer Ausführungen, wie folgt, modifizieren:

a) „Wer in der Absicht, sich oder einem Dritten einen rechtswidrigen Vermögensvorteil zu verschaffen, einen anderen durch Gewalt oder Drohung zu einer Handlung, Duldung oder

---

[163]) U. a.: v. Burl, a. a. O. p. 54; Meves, 226, Nr. 8; ferner Oppenhoff, Schütze und v. Schwarze.

[164]) Vgl. Haelschner, System, III. p 531.

[165]) Nur beiläufig, weil außerhalb des Rahmens unserer Betrachtung fallend, sei erwähnt, daß es, u. E., sich nicht rechtfertigen läßt, wenn die Nötigung — § 240 — auf die „Bedrohung mit einem Verbrechen oder Vergehen" beschränkt wird Kann doch, da Furcht ein relativer Begriff ist, und der eine sich leichter als der andere einschüchtern läßt, die Bedrohung mit einer Uebertretung unter Umständen die gleiche Wirkung haben, wie die Bedrohung mit einem Verbrechen oder Vergehen, und bleibt doch straflos, sofern nicht die sogenannte Bereicherungsabsicht vorliegt.

[166]) Daß dieser in der Theorie gebräuchliche Ausdruck nicht präzise, insofern als eine Bereicherung nicht wesentlich ist, beweisen die Ausführungen oben Seite 39/40.

Unterlaſſung[167]) nötigt, iſt mit Gefängnis nicht unter einem Monat zu beſtrafen. Der Verſuch iſt ſtrafbar." [§ 253 St.-G.-B.]

b) „Wird im Falle a) die N ö t i g u n g durch Bebrohung mit Mord, mit Brandſtiftung oder mit Verurſachung einer Ueberſchwemmung begangen, ſo iſt auf Zuchthaus bis zu fünf Jahren zu erkennen". [§ 254.]

c) „Wird im Falle a) die Nötigung durch Gewalt gegen die Perſon oder unter Anwendung von Drohungen mit gegenwärtiger Gefahr für Leib oder Leben begangen, ſo iſt der Thäter mit Zuchthaus zu beſtrafen."
„Sind mildernde Umſtände vorhanden, ſo tritt Gefängnisſtrafe nicht unter ſechs Monaten ein." [§§ 249, 255.]
Bezüglich der Qualifikationsgründe der §§ 250, 251 würde folgende Faſſung Platz greifen:

d) „Im Falle c) iſt bei Nötigung zur Dulbung der Wegnahme einer fremden beweglichen Sache in der Abſicht rechtswidriger Zueignung
α) auf Zuchthaus nicht unter fünf Jahren zu erkennen, wenn: Nr. 1—5 und Schlußabſatz des § 250 mit ſinnentſprechender Aenderung. [§ 250.]
β) auf Zuchthaus nicht unter zehn Jahren oder auf lebenslängliches Zuchthaus zu erkennen, wenn bei der That ein Menſch gemartert oder uſw." [§ 251].

e) „Neben der erkannten Gefängnisſtrafe kann auf Verluſt der bürgerlichen Ehrenrechte und neben der erkannten Zuchthausſtrafe auf Zuläſſigkeit von Polizeiaufſicht erkannt werden." [§ 256.].

In dieſen Sätzen iſt der weſentliche Inhalt des XX. Abſchnitts unſeres N.-St.-G.-B.'s enthalten, mit den Abänderungen freilich, welche ſich aus unſerer Auffaſſung ergeben, daß Raub und räuberiſcher Diebſtahl keinen Anſpruch auf Selbſtändigkeit haben und demgemäß als beſondere Thatbeſtände aus dem Geſetz zu eliminieren ſind.

Im übrigen haben wir uns eng an das Geſetz angeſchloſſen, insbeſondere den Wortlaut und die Strafbeſtimmungen, deren Berechtigung oder Nichtberechtigung hier dahingeſtellt bleiben kann, unverändert wiedergegeben.

---

[167]) Conſequent unſerer Auffaſſung vom Weſen der Erpreſſung als einer Art der Nötigung — ſiehe Seite 17 — müßte eigentlich das Gattungsdelikt, die Nötigung i. w. S. und deren ſpezielle Anwendungen, die verſchiedenen Arten der Erpreſſung, in e i n e m Abſchnitt zuſammenfaſſend behandelt werden; im Text iſt dies nicht geſchehen mit Rückſicht darauf, daß die Hineinziehung der Nötigung die geſtellte Aufgabe überſchreiten würde.

Schluß.

§ 20.

Versuch einer Erklärung für die Entstehung der herrschenden Ansicht über das Verhältnis zwischen Raub und Erpressung.

.

Wenn wir uns nun zum Schluß die Frage vorlegen, wie sich wohl die Entstehung der herrschenden Ansicht erklären lasse, so müssen wir zu deren Beantwortung noch einmal in aller Kürze auf die geschichtliche Entwicklung der besprochenen Delikte zurückgreifen.

Daß gerade der durch das Objekt der sog. „Bereicherungsabsicht"[168]) spezialisierte Fall der Nötigung — Nötigung zur Duldung der Wegnahme einer fremden beweglichen Sache in der Absicht rechtswidriger Zueignung — von der Theorie ausgebildet wurde, lange bevor diese den Gattungsbegriff der Nötigung kannte, findet seine Erklärung in dem Werdegang des „Raubes"; in der Thatsache, daß der Raub ursprünglich eine nur durch die Art der Ausführung von dem eigentlichen — heimlichen — Diebstahl verschiedene Art der Entwendung darstellt[69]); später, als man ohne Aenderung des übrigen Thatbestandes, das Moment der Gewalt als wesentliches Merkmal hervorhob, ohne sich bewußt zu werden, daß diese das begriffliche Element der Nötigung bildet. erhob man unbewußt den Raub zu einem selbständigen, von dem früheren ganz verschiedenen Nötigungsdelikt.

Dieser auf die Entwendung einer fremden beweglichen Sache beschränkte Fall der Nötigung war natürlich nicht anwendbar auf die unzähligen Fälle einer Gewaltübung, die in der Absicht erfolgte, sich[170]) einen anderen, als in der Zueignung einer fremden beweglichen Sache bestehenden Vermögensvorteil zu verschaffen.

Mangels Vorhandenseins einer diese Fälle umfassenden gesetzlichen Bestimmung ging die Theorie auf die altrömische concussio zurück und bildete diese, von jenem speziellen Fall der Nötigung unabhängig, dem Bedürfnis entsprechend, zu einem allgemeineren Nötigungsdelikt aus.

---

[168]) Siehe hierüber oben Note 166.
[169]) Siehe oben Seite 10.
[170]) „oder einem anderen."

Immer aber blieben beide Delikte neben einander bestehen. Für den Raub behielt man die alte Bezeichnung bei; bei der concussio nahm man zunächst mit dem Begriff zugleich den römischen Namen an; erst später ersetzte man diesen durch das deutsche Wort: „Erpressung".

Wenn die Doktrin sich bemüht hat und noch bemüht, begriffliche Unterschiede zwischen Raub und Erpressung zu finden, so hat sie damit offene Thüren eingerannt und sich künstlich Schwierigkeiten da bereitet, wo in der That solche nicht vorhanden sind.

Trotz dieser Bemühungen hat man, rein instinctiv den Raub und die Erpressung einander so angenähert — es sei nur an die Zusammenstellung beider in einem Abschnitt des Gesetzes erinnert — daß es nur noch eines Schrittes bedarf, um die innere Verwandtschaft beider Delikte auch äußerlich zu dokumentieren und die künstlich errichtete Scheidewand zwischen Raub und Erpressung endgiltig zu entfernen; nämlich dadurch, daß man, wie vorgeschlagen, die Bezeichnung „Raub" und „Erpressung" ganz fallen läßt und den Inhalt beider Verbrechensthatbestände unter dem Gattungsbegriff der Nötigung zusammenfaßt.

F i n i s.

Litteratur-Verzeichnis.

A. Theorie.

1. Abegg,   „Lehrbuch der Strafrechtswissenschaft." 1836.
2. Berner,   „Lehrbuch des Deutschen Strafrechts." 17. Auflage. 1895.
3. Binding,   „Die Normen und ihre Uebertretung." Bd. I. [II. Auflage.] 1890; Bd. II. 1877. citiert: „Normen."
4.   „   „Handbuch des Strafrechts" im Handbuch der Deutschen Rechtswissenschaft. Bd. I. 1885. citiert: „Handbuch."
5. Bruck,   „Zur Lehre von den Verbrechen gegen die Willensfreiheit." 1875.
6. Burcharbi,   „Das Verbrechen der Concussion nach Preußischem Recht" im Archiv des Criminalrechts. N. F. Jahrgang 1846. p. 271—312.
7. v. Buri,   „Raub und Erpressung. §§ 249—256 St. G. B." Abhandlungen aus dem Strafrecht im Beilageheft zum Gerichtssaal Bd. XXIX. p. 3—92. citiert: „G.-S."
8.   „   „Verursachung und unterlassene Verhinderung" ebenda, p. 93—142.
9. Carpzow,   „ Practica nova." 1758 herausgegeben von Joh. Samuel Friedrich Böhmer.
10. Dalcke,   „Beiträge zur Revision des Preußischen Strafrechts" in Goltdammers Archiv für Preuß. Straf-Recht. Bd. XVII. 1869. p. 1 ff.

11. Dambach, „Gedruckte Mitteilungen zu den Vorlesungen"
12. Geyer, „Verbrechen gegen die persönliche Freiheit" in Holtzendorff's Handbuch des Deutschen Strafrechts Bd. III. p. 568 ff., Bd. IV. p. 387 ff. citiert: „H. H. B."
13. „ „Grundriß zu den Vorlesungen über gemeines Deut= sches Strafrecht" I. Hälfte 1884 citiert: „Grundriß."
14. Goltdammer, „Die Materialien zum St.=G.=B. für die Preußischen Staaten" 1852 citiert: „Materialien."
15. Haeberlin, „Grundsätze des Criminalrechts" 1848.
16. Haelschner, „System des Pr.=Str.=R.'s" 1868.
17. „ „Das gemeine Deutsche Strafrecht" 1887 citiert: „Gem.Str.=R."
18. „ „Der Begriff der Gewalt im Deutschen Strafgesetz= buch" im Gerichtssaal, Bd. XXXV. p. 1—23; citiert: „G.=S."
19. Helmke, „Der Begriff der „Gewalt" im § 240 R.=St.=G.=B." Breslauer Inaug.=Dissertation 1894.
20. John, „Entwurf mit Motiven zu einem St.=G=B. für den Norddeutschen Bund" 1868 citiert: „Entwurf."
21. „ „Bemerkungen zu Urteilen der Straffenate des Reichs= gerichts" in Bd. I. der „Zeitschrift für die gesamte Strafrechtswissenschaft" p. 223 ff. citiert: „Ztschrft."
22. Katz, „Beitrag zur Lehre von der Erpressung" im Gerichts= saal, Bd. XXXI. p. 424 ff. citiert: „G.=S."
23. Klien, „Revision der Grundsätze über das Verbrechen des Diebstahls usw." 1806.
24. Koeftlin, „Abhandlungen aus dem Strafrecht." 1858.
25. Kronecker, „Die Bedeutung des Wortes „widerrechtlich" im § 240 des Strafgesetzbuchs" in der „Zeitschrift für die gesamte Strafrechtswissenschaft" Bd III. 638 ff.
26. v. Liszt, „Lehrbuch des Deutschen Strafrechts." VII. Aufl. 1896 citiert: „Lehrbuch."
27. „ „Das Deutsche Reichsstrafrecht" 1881 in „Lehr= bücher des Deutschen Reichsrechts" VII. citiert: „Reichsstrafrecht."
28. Matthaeus, „De criminibus" ad lib. 47 et 48 Dig. Commen- tarius. 1661.
29. Merkel, „Lehrbuch des Deutschen Strafrechts" 1889 citiert: „Lehrbuch."
30. „ „Raub und Erpressung" in Holtzendorff's Handbuch des Deutschen Strafrechts. Bd III. p. 714 ff. Bd. IV. p. 416—419. citiert: „H. H. B."
31. Meves, „Die Strafgesetznovelle vom 26. Februar 1876."

32. F. Meyer, „Str.-G.-B. für den Norddeutschen Bund." 1871.
33. Hugo Meyer, „Lehrbuch des Deutschen Strafrechts." V. Auflage. 1895.
34. Mittermaier, „Ueber den Begriff der Erpressung usw." in Hitzig's Annalen der deutschen und ausländ. Criminalrechts= pflege. Bd. VIII. 1839.
35. Olshausen, „Commentar zum Str.-G.-B. für das Deutsche Reich." IV. Aufl. 1896.
36. Oppenhoff, „Das Str.-G.-B. für das Deutsche Reich." XIII. Aufl, 1896.
37. Pezold, „Deutsche Strafrechtspraxis."
38. Pfizer, „Zur Lehre vom Causalzusammenhang" im Gerichts= saal, Bd. XXVII. p. 548—557.
39. Puchelt, „Das Strafgesetzbuch für das Deutsche Reich." 1872.
40. Rubo, „Commentar über das Str.-G-B. für das Deutsche Reich." 1879.
41. Rüdorff, „Str.-G.-B. für das Deutsche Reich." IV. Aufl. 1892.
42. Schnabel, „Ueber die nötigende Gewalt" Dissertation. Zürich 1889.
43. Schütze, „Lehrbuch des Deutschen Strafrechts." II. Aufl. 1874.
44. v. Schwarze, „Commentar zum Str.-G-B. für das Deutsche Reich" V. Aufl. 1883. citirt: „Comment."
45.   „   in Weiske's Rechtslexicon. Bd. IX. p. 1—28, sub voce „Raub" citiert: „bei Weiske."
46.   „   „Ueber den Unterschied zwischen den Verbrechen des Raubes und der Erpressung, insbesondere den That= bestand der letzteren" in der „Allgem. Gerichts=Zeitung für das Königreich Sachsen." Bd. VIII. p. 393—423. citiert: „Sächs. Ger.=Ztg." VIII.
47.   „   „Der Begriff der Gewalt nach dem R.=St.=G.=B." ebenda, Bd. XVI. p. 33—55; citiert: „Sächs.=Ger.= Ztg." Bd. XVI.
48. Stenographische Berichte über die Verhandlungen des Reichstages des Norddeutschen Bundes. I. Legislatur=Periode. Session 1870. Anlagen Nr. 5. citiert: „Motive."
49. Villnow, „Raub und Erpressung, Begünstigung und Hehlerei usw." 1875.
50.   „   „Die Verbrechen und Vergehen wider die persönliche Frei= heit" in Goltdammer's Archiv Bd. XXIV. p.104—123. [1876.] citiert: „bei Goltdammer" Bd. XXIV.
51. v. Wächter, „Lehrbuch des Römisch=Deutschen Strafrechts" 1825/26; citiert: „Lehrbuch."
52.   „   „Deutsches Strafrecht" Vorlesungen 1881 citiert: „Str.=R."

53. „ „Ueber die Gewalt bei der Erpressung" im Gerichts=
saal Bd. XXVII. p. 161—174. citiert: „G.=S."
54. „ in Weiske's Rechtslexicon Bd. III. p. 354—423.
sub voce, „Diebstahl;" citiert: „bei Weiske."
55. „ „Abhandlungen aus dem St.=R." Bd. I. 1835; citiert:
„Abhandlungen."
56. Wanjek, „Ueber den Begriff der Gewalt im R.=St.=G.=B."
in Goltdammer's Archiv Bd. XXVII. p. 194—200.

B. Praxis.

57. Entscheidungen des Reichsgerichts in Strafsachen; citiert: „E."
58. Rechtsprechung des Reichsgerichts in Strafsachen; citiert: „R."
59. Oppenhoff, „Rechtsprechung des Ober = Tribunals"; citiert:
„R. d. O."
60. Stenglein, „Zeitschrift für Gerichtspraxis in Deutschland;"
citiert: "Stenglein."
61. Goltdammer's Archiv für gemeines deutsches und preußisches
Strafrecht" citiert: „Goltdammer:"

Lebenslauf.

Am 22. September 1873 zu Leipzig geboren, besuchte ich das Kgl. Christianeum zu Altona, später zu Berlin das Sophien= und das Ascanische=Gymnasium, welch' letzteres ich am 30. September 1893 mit dem Zeugnis der Reife verließ.

Am 14. Oktober desselben Jahres wurde ich bei der juristischen Facultät der hiesigen Kgl. Friedrich=Wilhelms=Universität immatriculiert, der ich bis zu meiner am 11. August 1896 erfolgten Exmatriculation angehörte.

Im Laufe dieser Zeit hörte ich die Vorlesungen der Herren Professoren DDr. Aegibi, Berner, Brunner, Crome, Dambach, Dernburg, Dessoir, Eck, Geiger, Gierke, v. Gneist †, Grabenwitz, Hinschius, Hübler, Jacobi, v. Kaufmann, Kohler, Mendel, Preuß, Schmoller, Seckel, Stölzel, v. Treitschke †, Wagner.

Am 1. Februar 1897 bestand ich am Kgl. Kammergericht das Referendarexamen mit dem Prädikat „gut".

Auf Grund des am 11. Februar desselben Jahres „cum laude" bestandenen tentamen rigorosum, sowie vorstehender, am 30. Oktober approbierter Inaugural=Dissertation wurde ich von der hohen juristischen Fakultät der Kgl. Bayrischen Friedrich=Alexanders=Universität „cum laude" zum Doktor beider Rechte promoviert.

Seit dem 20. Februar 1897 bin ich im Bezirk des Kgl. Kammergerichts, und zwar z. Z. am Amtsgericht Rixdorf als Referendar beschäftigt.